Beto Angeli

UMBANDA
em casa
prática
umbandista
familiar

Rio de Janeiro
2019

Copyright © Beto Angeli, 2018
Direitos de publicação © Editora Aruanda, 2019

Direitos reservados e protegidos pela lei 9.610/1998.

Todos os direitos desta edição reservados à
Fundamentos de Axé Editora
um selo da EDITORA ARUANDA EIRELI.

3ª reimpressão, 2024

Coordenação Editorial Aline Martins
Preparação Iuri Pavan
Revisão Andréa Vidal
           Camila Villalba
Design editorial Sem Serifa
Imagem da capa Matorinni/iStock
Ilustrações de miolo André Cézari
Impressão Gráfica JMV

Texto de acordo com as normas do Novo
Acordo Ortográfico da Língua Portuguesa
(Decreto Legislativo nº 54, de 1995)

Dados Internacionais de Catalogação na Publicação (CIP)
Agência Brasileira do ISBN
Bibliotecária Priscila Pena Machado CRB-7/6971

A582   Angeli, Beto.
            Umbanda em casa: prática umbandista
        familiar / Beto Angeli. — Rio de Janeiro:
        Fundamentos de Axé, 2019.
            160 p.; 23 cm.

        ISBN 978-65-80506-02-6

            1. Umbanda. 2. Religião afro-brasileira.
        3. Espiritismo. 4. Espiritualidade. I. Título.

                                    CDD 299.6305

[2024]
IMPRESSO NO BRASIL
http://editoraaruanda.com.br
contato@editoraaruanda.com.br

Dedico este livro à minha família, que,
prontamente, me apoiou no desenvolvimento
dos trabalhos aqui mencionados e, também,
na elaboração do curso que este livro completa.
À Erika e ao João Pedro, com muito amor.

SUMÁRIO

Prefácio 13

Prólogo 17

Introdução 21

Umbanda é religião 25
    O que é religião? 25
    O surgimento de uma religião 26

Conceitos religiosos 31
    Monoteísmo 31
    Politeísmo 32
    Panteísmo 33
    Panenteísmo 33

História da Umbanda 35

Umbanda, uma religião brasileira 41
    Sistema religioso umbandista 43
    O credo umbandista 44

Templo de Umbanda 45
    Características básicas 45
    Práticas no templo 48
    Rituais externos 50

A prática umbandista familiar 51

Objetivo da prática 52

Quem pode e quem deve 52

O que cultuar? 52

Onde praticar? 54

As Sete Linhas de Umbanda 55

Os Fatores de Deus 57

Hierarquia divina 59

Clamor 60

Agradecimento 60

As Sete Linhas de trabalho 63

Forças de direita e forças de esquerda 64

As Linhas de Trabalho na Umbanda 65

Linhas de esquerda 73

Triângulo de forças 73

Orixá Exu e exu de trabalho 76

Culto a Deus 77

Quem é Olorum? 77

Reunindo família e amigos 79

Aprender sempre 80

Como lidar com o preconceito 81

Material de apoio 83

Material de uso obrigatório 84

Material de uso opcional 86

Utensílios e outros itens 88

Encontrando o melhor espaço 89

    Como preparar o espaço físico 90

    Higiene é fundamental 90

    Acomodações para os convidados 91

    Preparando o espaço energético 91

Firmeza e proteção 93

Anjo da guarda e exu 95

Defumação e limpeza espiritual 99

Abertura do trabalho 101

    Oração a Olorum 102

    Evocação ao orixá 103

    Um pouco sobre os orixás 104

    Saudação ao orixá 105

    Meditação 105

    Quando chamar outra Linha? 107

    Despedida do orixá 108

    Encerramento do trabalho 108

    Momento de comunhão 109

Tipos de culto 111

    Culto a Deus 111

    Culto aos pais e mães orixás 111

    Culto às Linhas de Trabalho 112

    Cultos especiais 113

Considerações finais 115

Referências bibliográficas 119

Anexo: Características dos orixás 127

PREFÁCIO

Quando recebi este livro, senti uma grande emoção, pois vi um filho criado por mim crescer e se tornar um verdadeiro umbandista, com valores éticos e morais. *Umbanda em casa* nos traz a lucidez de poder cultuar os orixás e as Linhas de Trabalho em nossa residência, em conjunto com familiares e amigos, de forma pautada nas forças naturais, sem a necessidade de incorporar.

Há quem condene a prática familiar como uma heresia, argumentando que a Umbanda é a manifestação do espírito para a prática da caridade. De fato, é. Mas, com uma obra ímpar na literatura umbandista, Beto Angeli nos propõe uma reflexão: não há restrições severas, em grande parte das religiões praticadas no Brasil, à prática religiosa no lar — nela, por exemplo, os católicos podem rezar o terço, os protestantes podem fazer seus clamores, os espíritas podem fazer a leitura do Evangelho. Por que, então, os umbandistas não podem cultuar a Umbanda, desde que de forma segura, em casa?

Trata-se de um verdadeiro manual para quem quer sentir a Umbanda em seu lar com os familiares e os amigos. Eu e minha esposa tivemos a honra de participar do primeiro culto umbandista familiar de acordo com as lições descritas nas páginas seguintes.

Parabenizo ao Beto e a quem estiver lendo esta obra, cuja visão sobre a Umbanda vai melhorar e muito, tenho certeza.

Axé, Beto!

Paulo Ludogero
Sacerdote do *Núcleo Umbandista e de Magia Caboclo*
Flecha Certeira e Pai Manuel de Arruda

PRÓLOGO[1]

Aqui compartilho um pouco do início da prática familiar na minha vida e na da minha família, para que possamos entender como um umbandista começa a realizar cultos em casa.

Em determinado momento de minha vida mediúnica, ao pensar nas bênçãos que recebemos dos orixás e dos guias de luz, me veio a seguinte pergunta: por que não levar aos familiares, aos não umbandistas e aos simpatizantes aquelas bênçãos, aquela energia que nos faz tanto bem? Por que não levar essa irradiação às nossas casas?

Depois de muita reflexão e de algumas conversas com meu sacerdote, concluí que o culto em casa era possível, mas não da mesma forma como é feito no terreiro, por questões de segurança, espaço e público. Como prezamos pela segurança e seriedade em nossas prá-

---

1 Este livro é baseado nos fundamentos seguidos pelo autor da obra, cuja Umbanda praticada sofreu influências da Tenda Espírita Mirim e da Umbanda Sagrada. [Nota da Editora, daqui em diante NE]

ticas, por vezes o leitor perceberá certo nível de exigência nas lições apresentadas neste livro, mas são cuidados necessários para garantir o bem-estar dos praticantes.

Fiz leituras diversas, conversei com meus guias espirituais, reuni as informações e a literatura à doutrina que já praticava e cheguei, em conjunto com meu sacerdote, à melhor forma de realizar esse trabalho. A partir daí, dei início à prática familiar.

Em um primeiro momento, o culto foi bastante reservado, contando apenas com a presença de minha esposa, meu pai de santo e minha mãe de santo. Então, comecei a convidar familiares, amigos, e, aos poucos, a prática foi se tornando comum.

Todas as minhas experiências e análises foram registradas em textos, os quais, mais tarde, deram origem ao curso Culto Familiar — que, posteriormente, viria a se chamar Umbanda em Casa. O curso começou a ser ministrado em 2012, virtual e presencialmente, e, devido aos bons resultados, resolvemos levar esse conhecimento a público neste livro que agora está em suas mãos.

Tenha uma boa leitura!

Beto Angeli
Mago e dirigente espiritual do
Terreiro de Umbanda Jardim do Céu

INTRODUÇÃO

Muitas vezes, quando temos contato com uma nova religião, sentimos vontade de reunir o máximo de conhecimento possível sobre ela. Alguns de nós têm essa vontade depois de seguir uma religião por muito tempo; outros sentem isso mais cedo.

O estudo é um meio de calibrar a ferramenta que somos enquanto religiosos em busca do aperfeiçoamento pessoal, para que, assim, possamos compartilhar com mais facilidade aquilo que nos faz tanto bem.

Muitas pessoas chegam a se perguntar se não seriam tachadas de fanáticas ou até mesmo insubordinadas por não aceitarem seguir um dado direcionamento vindo de alguém hierarquicamente superior, por buscarem outros conhecimentos acerca da religião que praticam ou até mesmo por iniciarem a prática de cultos religiosos em casa.

Deus está para todos, a religião não. A religião está para aquele que tem responsabilidade e o entendimento de que o objetivo desta não é impor um cabresto ao seu adepto, e sim direcioná-lo nos caminhos da evolução em busca de reforma íntima para que, ao tornar-se uma pessoa melhor, possa trilhar os caminhos que levam à morada do Pai Maior.

Este livro é a base para o início das práticas umbandistas no âmbito da família. Entretanto, para que as práticas sejam naturais e ocorram com maior facilidade, é necessário ter vivência, isto é, este livro pode levar o leitor a conhecer alguns fundamentos, mas, certamente, restarão lacunas que deverão ser preenchidas com as experiências adquiridas no dia a dia. Por essa razão, recomendo ao leitor que concilie a leitura deste livro e as práticas. Irmãos que não atuam em templos umbandistas nem frequentam a religião terão mais dificuldade em compreender algumas das situações apresentadas, mas fica aqui o incentivo para que tentem, pois, como já foi dito, Deus está para todos!

A você, que inicia esse estudo, revelo um desejo e dou um conselho.

Meu desejo é que todos tenham um entendimento mínimo sobre a religião e condições de disseminá-la de uma forma diferente da que vemos hoje: a familiar. Em geral, o perfil do adepto da Umbanda se enquadra em um de dois extremos de uma realidade: no primeiro estão famílias inteiras que fazem parte de um terreiro, devido a um ancestral em comum que o fundou e o deixou como herança, seja por facilidade, seja porque seus alicerces (pai e mãe de sangue) se conheceram dentro da casa e, mais tarde, conduziram seus descendentes. No segundo estão os umbandistas solitários, cujo único lugar para vivenciar e falar de Umbanda é o terreiro, com os irmãos de fé; estes geralmente têm família e amigos adeptos de outras religiões ou, em alguns casos, de nenhuma e pouco falam a respeito do assunto. Desejo, portanto, que cada um dos leitores de *Umbanda em casa: prática umbandista familiar* realize o culto umbandista em casa, com sua família, mostrando a todos o que é a Umbanda e levando-a àqueles que tanto amamos, mas que não compartilham de nossa fé.

Meu conselho é algo que julgo de extrema importância e até mesmo essencial para uma boa vivência religiosa: respeito. Respeite seus amigos e familiares! Por mais que meu desejo seja o de ver irmãos conquistando cada vez mais adeptos para a Umbanda, aconselho a respeitar a liberdade religiosa, pois a Umbanda respeita todas as religiões, uma vez que há nelas caminhos diferentes para chegar ao mesmo destino: Deus.

Por fim, respeite seu sacerdote e compartilhe com ele seu aprendizado, não no intuito de ensiná-lo, mas sim de que ele o oriente a realizar, dentro de sua prática doutrinária, tudo o que será ensinado aqui.

UMBANDA É RELIGIÃO

Nosso estudo começa com algumas noções básicas para que, depois, possamos avançar com solidez e examinar a fundo as situações descritas neste livro.

O que é religião?

A etimologia é um bom ponto de partida para essa pergunta. A palavra religião — do latim *religio*, que significa "culto" ou "prática religiosa" — é utilizada na língua portuguesa há muito tempo e alguns indícios remetem ao século XIII. A origem dessa raiz, contudo, é controversa. Ela é vinculada ao termo latino *relegere*, que significa "reler", no sentido de "retomar", mas também há quem afirme que vem de *religare*, que indica "religar". Controvérsias à parte, ao falar de religião, podemos pensar na ideia de "retorno". Mas retorno a quê?

A religião tem por objetivo religar o ser humano ao Divino e direcioná-lo aos caminhos de Deus. Dentro desse conceito, podemos encontrar muitas crenças e filosofias diferentes. As diversas religiões do mundo são, de fato, muito distintas entre si. Ainda assim, é possível estabelecer uma característica comum a todas elas: a crença no intangível, no sobrenatural, no impossível, no invisível. Essa crença envolve deuses, divindades, demônios, entre outros seres, que exercem seus poderes sobre nós, guiando-nos ao longo de nossas vidas, e geralmente existe uma hierarquia entre essas entidades.

Praticamente todas as religiões acreditam, cada qual à sua própria maneira, na reencarnação ou na vida após a morte. Algumas, porém, o fazem de forma implícita: negam ferozmente essa ideia, mas, ao mesmo tempo, afirmam a existência da ressurreição, que, no entendimento de seus adeptos, se diferencia da reencarnação porque o ressurreto volta no mesmo corpo. Até hoje, nenhuma das teorias religiosas foi comprovada cientificamente. Entretanto, fala-se de religião como direcionador social e humanístico, e não de uma hipótese a ser testada. Religião seria, portanto, a fé no invisível.

Podemos usar a palavra *religião* também para nos referir a uma pessoa que tem um hábito, que é fiel a uma rotina, como é o caso de alguém que toma café às 15h, *religiosamente*, todos os dias. Todavia, ser adepto de uma religião não implica ser religioso. Para isso, é preciso seguir certos preceitos,[2] o que chamamos de *ritualística*.

---

2 Neste livro, usamos o termo com sentido de "regra", "norma recomendada". Na Umbanda, o termo *preceito* tem significado diverso, referindo-se a "resguardo", "abstinência", "preparo".

O surgimento de uma religião

Não se sabe ao certo a data de surgimento das religiões, mas isso se deu, provavelmente, nos primeiros anos da humanidade neste plano ou neste planeta.

Estudos históricos mostram que as religiões se formam a partir de situações muito específicas, a ver.

Criação de um mártir

Acontece após a morte, o sacrifício ou a tortura de uma figura importante para uma crença, que é imolada por lutar em nome de um ideal comum aos fiéis. Os seguidores da religião, geralmente, passam a ver essa figura como alguém especial e, assim, a transformam em mártir. Esse indivíduo torna-se, então, o pilar de uma nova religião. Entre os mártires mais conhecidos estão Jesus Cristo, Maomé e Chico Xavier.

O sacrifício de Jesus serviu de base para o surgimento do Cristianismo, que, por sua vez, deu origem a outras doutrinas, como o Protestantismo, que nasceu no século xvi quando Martinho Lutero foi expulso da Igreja Católica por discordar abertamente da doutrina praticada. Unindo-se, posteriormente, a Ulrico Zuínglio e a João Calvino, deu início à Reforma Protestante. Daí viriam, posteriormente, o Luteranismo e a Tradição Reformada, aludindo à reforma dos conceitos do Cristianismo. Ambos originaram o que hoje, no Brasil, é conhecido como Evangelismo, assim chamado por ser sua missão evangelizar todos os que encontra, a fim de salvá-los do Julgamento Final.

Opressão e controle

Uma religião pode surgir como imposição a uma parcela da sociedade, ditando regras para que tenha um comportamento pacífico ou passivo enquanto dominada. Dizer que algo é pecado, por exemplo, faz com que as pessoas pensem duas vezes antes de fazê-lo. Vemos também, com certa frequência, pessoas que almejam o poder utilizarem uma religião para alcançá-lo ou, quando não têm sucesso nessa empreitada, fundar uma vertente religiosa em busca desse objetivo.

No Judaísmo, temos Moisés, que foi um líder da libertação, e não um religioso. Depois de salvar o povo de Abraão da escravidão imposta pelos governantes egípcios, Moisés se viu diante do caos e da desordem — muitos homens queriam o poder e atendiam apenas aos próprios interesses: matavam, roubavam, estupravam. Após tantos anos de escravidão, a liberdade serviu de estopim para a manifestação da maldade que habitava o coração desses homens.

Havia muitos, porém, que ainda acreditavam que Moisés era o libertador, o salvador enviado por Deus. Fazendo valer esse título, ele apresentou à comunidade os Dez Mandamentos, que nada mais eram do que uma forma de controle sobre o que os fiéis podiam ou não fazer, sob risco de sofrerem a punição definida por Deus caso descumprissem as leis. E qual era a punição? Os sacerdotes da época — no início, o próprio Moisés; posteriormente, outros — é que decidiam.

Necessidade espiritual e humana

Para purificar e redimir a humanidade de seus desequilíbrios, muitas vezes parte-se de crenças antiquadas para construir algo novo, diferente, com outro nome, outros dogmas — em resumo, outra religião.

Com os estudos de Allan Kardec, a espiritualidade encontrou uma maneira eficaz de fazer suas mensagens chegarem aos homens. Porém, como no início do século xx o estudo do Espiritismo se restringia a um grupo elitizado, a doutrina discriminava a incorporação de espíritos que considerava "atrasados", como os caboclos e os pretos-velhos.

A espiritualidade entendeu que seria necessária uma reforma religiosa e doutrinária. Ao serem abertamente renegados pelos coordenadores das sessões espíritas, as entidades que ali se manifestavam decidiram fundar — na verdade, revelar[3] — uma nova religião: a Umbanda, que traria em sua base as quatro principais correntes religiosas praticadas no país à época: o Espiritismo, o Catolicismo, o Candomblé e a Pajelança.

Como dizemos com frequência na Umbanda, "pelo amor ou pela dor" uma religião se estabelece e, independentemente de seus objetivos iniciais, são seus adeptos que formam sua corrente energética e que ditam a que veio e para onde vai a religião que cultuam.

---

3   Acreditamos que a Umbanda passou a existir no plano espiritual antes mesmo de sua chegada ao plano material e que muitos dos primeiros médiuns umbandistas vieram a este plano com a missão de disseminar a nova religião. Por essa razão, dizemos que a Umbanda não foi fundada neste plano, e sim revelada a nós.

CONCEITOS RELIGIOSOS

Por conceitos religiosos entendemos o sistema doutrinário aplicado a uma religião. De forma geral, eles são a base de toda crença e prática doutrinária.

Há pessoas que reconhecem a crença em vários deuses e pessoas que não admitem a existência de Deus. Como não é nosso intuito tornar o leitor um especialista em religião, mas dotá-lo de uma base teórica mínima para que possa sustentar a realização de cultos familiares, abordaremos alguns conceitos que contribuem para o objetivo central deste capítulo, que é enquadrar a Umbanda em um conceito religioso: o monoteísmo, o politeísmo, o panteísmo ou o panenteísmo.

Monoteísmo[4]

Baseia-se na existência de um único deus, criador de tudo e de todos, onipotente (tudo pode), onisciente (tudo sabe) e onipresente (está em todos os lugares ao mesmo tempo). Apesar de seu aspecto divino, o deus descrito pelo monoteísmo tem qualidades e defeitos humanos e reflete em suas atitudes alguns aspectos inerentes à vida material, isto é, à vida dos encarnados. Portanto, é passivo e tem sentimentos como amor, ira, compaixão, entre outros.

A Bíblia Hebraica, escritura base do Judaísmo, é uma das principais fontes do monoteísmo ocidental. Entretanto, é preciso destacar que diversas são as religiões que têm o monoteísmo como fundamento.

Politeísmo[5]

Consiste na crença de que o mundo é regido por mais de uma divindade. Essas divindades atuam de forma independente e podem ou não manter ligações entre si. Cada uma delas tem seu próprio campo de atuação e, em alguns casos, os campos podem se sobrepor e até mesmo causar conflito entre elas.

Muitas vezes, por questões culturais, cultuam-se divindades masculinas, embora o politeísmo não obrigue o direcionamento a determinado gênero — a divindade pode ser masculina, feminina ou ter gênero indefinido.

Além de sua independência, as divindades cultuadas no sistema politeísta têm vontade própria. Diversos mitos contam que

---

4   Do grego *mónos* (único) e *théos* (Deus).
5   Do grego *polis* (muitos) e *théos* (Deus).

elas precisam ser agradadas pelos fiéis para que deem a eles aquilo que desejam; e, quando irritadas ou desafiadas, podem derramar sua ira. Algumas têm campo de atuação em atividades humanas, como a agricultura, a pecuária, a ferragem, enquanto outras têm campo de atuação em instituições, em sentimentos, em lugares e assim por diante.

Panteísmo[6]

É a crença de que absolutamente tudo e todos compõem um deus abrangente e imanente, ou que o Universo (ou a Natureza) e Deus são idênticos. Sendo assim, os panteístas não acreditam em um Deus pessoal, antropomórfico[7] ou criador, mas que tudo é Deus: eu sou Deus, você é Deus, as pedras, as árvores e os animais são Deus.

Ao estudarmos o sistema panteísta, identificamos um sistema generalista, em que tudo faz parte do todo, ou seja, tudo aquilo que existe é parte de Deus. Nesse caso, o fim de tudo é o fim de Deus, havendo, assim, um limite para o "tamanho" Dele: a criação. Tudo o que foi criado é parte de Deus, e nada existe fora Dele.

Panenteísmo[8]

O panenteísmo tem quase a mesma definição do panteísmo, com uma diferença essencial: Deus é tudo e além. Com isso, entendemos

---

6   Do grego *pan* (tudo) e *théos* (Deus).
7   *Antropomórfico* significa "com características humanas", "semelhante ao homem", ou seja, com comportamentos e sentimentos humanos.
8   Do grego *pan* (tudo) e *éntheos* (em Deus) + ismo.

que Deus está em todos os lugares, que tem em si toda a Sua criação (inclusive as divindades, caso se considere a existência delas).

Não há um limite ou uma fronteira em que Deus se encerre, sem que nada exista além disso, pois, no conceito de panenteísmo, o lugar onde nada existe ainda é parte de Deus, pois Ele é tudo e muito mais do que isso.

Na Umbanda entendemos, por exemplo, que Exu, enquanto orixá, reina sobre o vazio, sobre o lado externo de Deus, decantando, neutralizando, transmutando e devolvendo à criação tudo aquilo que se desvirtua e que sai dos caminhos do Criador. Por ser Exu uma divindade, no panenteísmo ele está em Deus, faz parte de Deus e, portanto, Deus é o Criador, a criação e tudo aquilo que foi criado.

• • •

Os conceitos religiosos, muitas vezes, podem ser motivo de confusão. A forma como a doutrina umbandista explica algumas de suas práticas está diretamente ligada à interpretação que se faz delas. Por isso, para entendermos o conceito que envolve a Umbanda, precisamos nos aprofundar e entender a base dessa religião.

HISTÓRIA DA UMBANDA

No final do ano de 1908, um rapaz de 17 anos de idade, nascido e morador de Neves, São Gonçalo (RJ), preparava-se para ingressar na carreira militar quando foi acometido por uma série de "ataques" de ordem psicológica e, em seguida, por uma paralisia inexplicável. Muitos foram os médicos levados até ele, incluindo um de seus tios, mas eles não conseguiam explicar o que ocorria com o jovem Zélio Fernandino de Moraes.

Certo dia, o rapaz ergueu-se da cama e disse: "Amanhã estarei curado". Eis que, no dia seguinte, ele realmente se levantou curado, como se nada houvesse acontecido. Os médicos, que já não tinham explicações para a paralisia, também não conseguiram explicar a cura repentina.

Outro tio de Zélio, que era sacerdote, bem como outros padres da Igreja Católica foram visitá-lo no intuito de tentar entender o que tinha acontecido com o jovem, mas também não conseguiram compreender o fenômeno. Zélio foi "exorcizado" diversas vezes, pois mostrava indícios de que sofria uma possessão.

Um amigo da família sugeriu uma visita à Federação Espírita de Niterói, presidida, na ocasião, por José de Souza. Descrente de que teriam uma explicação, porém convencidos pela falta de opções, os pais de Zélio, católicos, o acompanharam até uma sessão espírita.

Ao chegar à sessão, Zélio, tenso, aguardou orientações e o dirigente da casa determinou que o rapaz ocupasse um dos lugares à mesa. Em determinado momento dos trabalhos, tomado por uma força desconhecida e superior à sua vontade, contrariando as normas que impediam o afastamento de qualquer um dos integrantes da mesa, Zélio levantou-se e disse: "Aqui está faltando uma flor!". Retirou-se da sala e, dali a poucos minutos, retornou com uma rosa, que depositou no centro da mesa, causando certa polêmica entre os presentes.

Restabelecida a "corrente", manifestaram-se, em vários dos médiuns presentes, espíritos que se identificaram como indígenas ou escravos africanos. O dirigente dos trabalhos convidou os espíritos a se retirar, alegando serem espiritualmente atrasados. Em entrevista, mais tarde, Zélio afirmou ter se sentido novamente dominado pela estranha força naquele momento, que o fazia falar sem saber o que dizia. Segundo ele, ouvia apenas a si mesmo perguntando o motivo que levava o dirigente dos trabalhos a não aceitar a comunicação daqueles espíritos e a considerá-los "atrasados" apenas pela cor que tiveram ou pela classe social a que pertenceram na última encarnação.

Seguiu-se um diálogo acalorado, e os responsáveis pela mesa procuraram doutrinar e afastar o espírito desconhecido que estaria incorporado em Zélio, desenvolvendo uma sólida argumentação. Um dos médiuns videntes perguntou, então:

— Afinal, por que o irmão fala nesses termos, pretendendo que esta mesa aceite a manifestação de espíritos que, pelo grau de cultura que tiveram quando encarnados, são claramente atrasados? E qual é o seu nome, irmão?

A resposta de Zélio, ainda tomado pela misteriosa força, foi:

— Se julgam atrasados estes espíritos dos pretos e dos índios, devo dizer que amanhã estarei na casa deste aparelho [o médium Zélio] para dar início a um culto em que esses pretos e esses índios poderão dar a sua mensagem e, assim, cumprir a missão que o plano espiritual lhes confiou. Será uma religião que falará aos humildes, simbolizando a igualdade que deve existir entre todos os irmãos, encarnados e desencarnados. E, se querem saber o meu nome, que seja este: Caboclo das Sete Encruzilhadas, porque não haverá caminhos fechados para mim.

O médium clarividente insistiu, com ironia:

— Julga o irmão que alguém vai assistir ao seu culto?

E a entidade respondeu:

— Cada colina de Niterói atuará como porta-voz, anunciando o culto que amanhã iniciarei!

No dia seguinte, 16 de novembro, um grupo já aguardava à hora marcada na Rua Floriano Peixoto, 30, em Neves, residência da família Moraes. Lá se reuniam membros da Federação Espírita de Niterói — visando comprovar a veracidade das declarações do caboclo na véspera —, alguns parentes mais chegados, amigos e vizinhos. Do lado de fora, havia um grande número de desconhecidos.

Às 20 horas, manifestou-se o Caboclo das Sete Encruzilhadas, declarando que, naquele momento, se iniciava um novo culto. Nele, os índios nativos do Brasil e os espíritos dos velhos africanos que haviam servido como escravos e que, desencarnados, não encontravam campo de ação nas remanescentes seitas negras, já deturpadas e dirigidas quase exclusivamente para trabalhos de feitiçaria, poderiam trabalhar em benefício dos seus irmãos encarnados, quaisquer fossem a cor, a raça, o credo e a condição social destes. A prática da caridade

HISTÓRIA DA UMBANDA

e o amor fraterno seriam a tônica desse culto, que teria como base o Evangelho de Cristo e, como mestre supremo, Jesus.

Depois de estabelecer as normas em que se processaria o culto, o Caboclo das Sete Encruzilhadas também lhe deu um nome, anotado por um dos presentes como Allabanda e mais tarde sendo substituído por Aumbanda, do sânscrito, que pode ser traduzido como "Deus ao nosso lado" ou "o lado de Deus". O nome pelo qual a nova religião se popularizaria, entretanto, seria Umbanda.

As principais bases de sustentação e formação da Umbanda foram as quatro correntes religiosas mais seguidas no Brasil no início do século xx: o Catolicismo, o Candomblé, o Espiritismo (também chamado de Kardecismo) e a Pajelança.

A Umbanda é muito confundida com o Candomblé. Já ouvimos até mesmo que aquela não foi fiel aos ritos deste, virando as costas a suas raízes. Para mim, não passa de uma grande bobagem dita por quem não conhece a fundo a história da Umbanda nem a de outras religiões. Se a Umbanda fosse atribuir a si mesma uma raiz única, esta seria o Espiritismo, pois o culto umbandista foi fundado após uma manifestação em uma sessão espírita. Porém, atribuímos à Umbanda quatro raízes porque cada uma delas lhe trouxe doutrina, base e fundamentos.

Do Catolicismo trouxemos o sincretismo, a hierarquia e a metodologia de orações; do Candomblé, o culto aos orixás e os toques de curimba (culto de forma cantada); da Pajelança, o culto à natureza, a utilização de ervas e defumadores, além dos trabalhos com os pés na terra; já do Espiritismo nos valemos de toda a base de seu estudo, da manifestação mediúnica, do entendimento da espiritualidade e de como ela se processa no astral. Sem qualquer uma dessas bases, a Umbanda deixaria de ser ela mesma. Rituais específicos e linhas cultuadas se enquadram nesses elementos, seja qual for a vertente praticada.

Alguns ainda insistem em dizer que a Umbanda já existia antes da referida fundação,[9] atribuindo uma suposta criação a outros médiuns. Respeitamos todos os médiuns que, de alguma forma, realizavam trabalhos parecidos com o que veio a ser a Umbanda, mas toda religião tem um nome e um "batismo", ou seja, o momento em que ela recebe um nome é o que define sua fundação. Muito pode ter sido praticado por outros médiuns, porém o nome Umbanda, a religião tal como a conhecemos, só passou a existir depois da manifestação do Caboclo das Sete Encruzilhadas por meio do médium Zélio Fernandino de Moraes.

Creio que, em muitos lugares do Brasil e até do mundo, a mediunidade é praticada há milênios, mas somente nessa ocasião essa prática foi nomeada Umbanda, somente nesse momento a Umbanda passou a existir.

---

9   Usamos aqui o termo *fundação* para nos referir ao ato material de instituição da religião neste plano, com nome, doutrina, ritualística etc.

UMBANDA, UMA RELIGIÃO BRASILEIRA

Como vimos, a Umbanda foi revelada no Brasil. Mas o que a define como religião? Existem alguns fatores obrigatórios para que se entenda uma prática como culto, seita ou religião. Vamos explorar esses fatores um por um.

Culto é o nome dado a um encontro realizado com o objetivo de cultuar algo. É uma das formas de chamarmos as sessões de Umbanda, entre diversas outras: culto, sessão, gira, engira, trabalho etc.

Seita, por sua vez, se refere a um segmento de uma religião. Esse segmento é baseado em uma religião cuja doutrina é ampla e enfatiza uma parte específica dessa doutrina. Um bom exemplo é o Catolicismo, que tem católicos beneditinos, jesuítas, carismáticos, entre outros, que, em suas práticas, dão ênfase a uma pequena parcela da doutrina. São uma seita, mas são rotulados pela religião na qual se segmentam.

A Umbanda não é um culto, pois não se encaixa no quadro. Também não é segmento de outra religião, embora tenha raízes e bases em outras religiões, assim como a base do Catolicismo é o Judaísmo, a do Protestantismo é o Catolicismo, e assim por diante. Nenhuma religião surge sem tomar como base uma anterior. Seria a Umbanda, então, uma religião?

Uma religião precisa de fundamentos específicos para que seja aceita como tal: doutrina própria, sacramentos, templo ou local sagrado e hierarquia sacerdotal. No caso da Umbanda, esses fundamentos têm as seguintes características.

- **Doutrina própria**: apesar de ser baseada em outras religiões, a Umbanda tem sua própria doutrina e não depende de suas raízes.
- **Sacramentos**: a Umbanda tem atos de batismo, confirmação, consagração, casamento, extrema-unção e atos fúnebres.
- **Templo ou local sagrado**: a Umbanda tem locais sagrados em abundância, pois é na natureza que encontramos o sagrado que a rege e que nos vitaliza. Há também os templos, conhecidos como terreiro, seara, casa, núcleo, tenda, aldeia, centro, entre outros nomes.
- **Hierarquia sacerdotal**: na Umbanda, os membros ativos de um templo seguem uma hierarquia própria. Cada vertente tem suas práticas, mas, em geral, há um dirigente, conhecido por diversos nomes (padrinho, pai de santo, babá, sacerdote, entre outros), adeptos que seguem seu comando e, abaixo destes, o público geral, também composto de adeptos, porém sem vínculo obrigacional direto.

Uma vez que atende a todos os requisitos, podemos afirmar que a Umbanda é uma religião.

Sistema religioso umbandista

Se a Umbanda é uma religião, deve seguir um sistema religioso ou, como vimos, um conceito religioso. Qual é, então, o conceito religioso seguido por ela?

Na Umbanda, acreditamos que existe apenas um Deus e, diferentemente do que muitos umbandistas pensam, esse deus não é Oxalá, mas sim Olorum, também chamado de Olodumare, Zambi ou Tupã.[10] Essa confusão ocorre porque Oxalá é considerado o Pai Maior e, como tal, se encontra na parte mais alta do altar umbandista. Trata-se de um orixá que traz em si o fator da Fé, tendo apadrinhado a Umbanda por isso, isto é, para trazer a fé aos seus adeptos.

Já Olorum, Olodumare, Zambi, Tupã, ou seja qual for o nome dado em sua casa, é o criador de tudo e de todos. Mas não é tudo e todos somente; ele é infinitamente maior. Logo, por acreditarmos em um Deus único, maior do que tudo e, ao mesmo tempo, criador de tudo, somos panenteístas.

Sei que o leitor pode estar pensando: "Não, nós somos monoteístas", mas afirmo que há de se pensar livre de amarras conceituais que objetivam apenas debater, de forma defensiva, o preconceito trazido pelas religiões que predominam no nosso país e acreditam em um Deus único que só nos permite ser monoteístas. Quando nos aprofundamos nos conceitos religiosos, percebemos que não nos enquadramos no padrão admitido pelo conceito monoteísta clássico.

O panenteísmo é uma forma de monoteísmo chamada monista, pois seu principal aspecto é a unicidade de Deus. Então, podemos dizer que somos monoteístas panenteístas, pois acreditamos em um Deus único, que criou tudo e todos e que é muito maior do que Sua criação.

---

10 As variações nos nomes utilizados para Deus vêm da origem cultural da vertente praticada.

No entanto, é correto se mencionarmos que somos monoteístas, pois isso em nada diminuirá a qualidade de nossas crenças e práticas.

O credo umbandista

O credo é aquilo em que cremos, ou seja, em que acreditamos. Como vimos, a Umbanda acredita em um Deus único, criador de tudo e de todos, porém muito maior do que Sua criação. Esse Deus se personifica em nossas vidas por meio de Seus sete sentidos primordiais: a Fé; o Amor; a Razão ou o Conhecimento; o Equilíbrio ou a Justiça; a Ordem ou a Lei; a Evolução; e a Geração.

A esses sentidos primordiais dá-se o nome de Sete Linhas de Umbanda. Cada uma dessas linhas é regida por duas divindades que são sua personificação individual, uma positiva e uma negativa — não no sentido de bem e mal, mas no sentido de suas polaridades: positiva porque irradia o tempo todo e negativa porque absorve o tempo todo. Essas divindades estão em polos diferentes dos sentidos: uma é o polo ativo, a outra é o polo passivo; uma é masculina, a outra, feminina. A essas divindades damos o nome de orixás.

Por estarem posicionadas em polos distintos e permanecerem irradiando e/ou absorvendo o tempo todo, criam um fluxo energético que funciona como uma faixa energética, como uma linha que vai de um ponto a outro, tal qual na mecânica quântica, sempre partindo do polo positivo para o polo negativo. Daí vem a denominação Linhas de Umbanda — por serem linhas, faixas, fluxos de energia que alimentam tudo e todos na criação e dão vida à Umbanda.

TEMPLO DE UMBANDA

O templo umbandista, como vimos, é conhecido por vários nomes: terreiro, centro, casa, tenda, templo, entre outros, variando conforme a doutrina que se pratica. É necessário entender o templo de Umbanda para adquirir a consciência necessária para que a prática umbandista familiar possa ser realizada de forma segura em casa.

Características básicas

Existem algumas características que são comuns aos templos, mas não estão necessariamente presentes nas casas dos umbandistas. Essas características diferenciam de forma muito clara o ambiente "templo" do ambiente "casa".[11]

---

[11] Utilizamos aqui o termo *casa* no sentido de residência familiar, moradia do adepto, e não como sinônimo de terreiro, templo, centro etc.

O altar

Todo templo de umbanda possui um altar. Ele pode ser composto de imagens católicas ou africanas, pedras, plantas, símbolos, velas, troncos, fitas, pembas, quadros com fotos ou outros elementos, individualmente ou em conjunto. Vejamos alguns exemplos:

- Altar composto de sete velas, uma de cada cor;
- Altar composto de sete ou catorze pedras, cada uma associada a uma divindade ou a uma Linha da Umbanda;
- Altar com símbolos desenhados nas paredes ou talhados em madeira, cada símbolo representando uma Linha da Umbanda ou um orixá;
- Altar com uma cruz e um quadro com a foto de seu fundador ou de outro membro de honra daquele local.

Esses modelos de altar não são específicos de uma doutrina, podem ser utilizados por qualquer uma.

Apesar de o exemplo ser construído com números múltiplos de sete, isso não obriga o templo a ter o mesmo simbolismo numérico no altar; ele pode ser ativado com uma única vela, com uma única pedra, com uma única flor e assim por diante. Vale destacar que os umbandistas podem ter um altar em casa, assim, outra característica que diferencia o templo e a casa é a tronqueira.

A tronqueira

Todo templo tem uma tronqueira. Chamada de diversas formas — porteira, casa de exu, casinha, para-raios, casa de esquerda —, pode ser posicionada em lugares diferentes, podendo chamar a atenção, ser discreta, ficar à vista ou não. Na tronqueira são assentadas e firmadas as forças da esquerda que protegem diretamente os trabalhos do terreiro. Os segredos guardados na tronqueira são de conhecimento único do dirigente espiritual da casa e jamais devem ser revelados, pois ali estão toda a sustentação e proteção dos trabalhos que realiza.

Muitos comparam a tronqueira com um "altar de esquerda", porém, essa comparação carece de muitos elementos para ser correta. Nós nos colocamos diante de um altar para fazer orações e pedidos, ao passo que a tronqueira não deve ser aberta a qualquer pessoa. Pense que aquele que protege os trabalhos do templo não pode ter seus segredos revelados, sob pena de se tornar vulnerável.

Assim como alguns médiuns podem ter altares em casa, os adeptos cujo desenvolvimento mediúnico e cujo sacerdote permitem podem ter tronqueiras. Nesse caso, já conhecem as firmezas de proteção, sobre as quais falaremos mais adiante, e devem seguir suas práticas rotineiras.

Corpo mediúnico

Tanto num terreiro com muitos médiuns quanto num terreiro apenas com o dirigente espiritual, há um espaço reservado para a realização dos trabalhos, que é diferente do espaço reservado aos assistentes. Em alguns casos, esse espaço pode não ser visualmente distinto, mas contar com determinada proteção energética e espiritual, e é possível que adeptos com olhos mais treinados e atentos percebam essa diferença com facilidade.

Além disso, cada templo segue uma dinâmica, que varia de acordo com o espaço disponível, a doutrina praticada e a necessidade dos trabalhos. Assim, cada templo é um templo, e não existe melhor ou pior, apenas lugares distintos e únicos.

Práticas no templo

No templo ocorrem os trabalhos espirituais, que consistem na reunião de duas ou mais pessoas — que podem ser médiuns desenvolvidos ou em desenvolvimento — em um estado de meditação e concentração e, com isso, permitem a influência de espíritos de luz em seu corpo, de modo que, por meio deles, possam fluir as mensagens da espiritualidade, bem como as ações energéticas necessárias para o auxílio ao próximo.

A principal prática que ocorre no templo é a incorporação. Para isso, é necessário que os médiuns e assistentes estejam protegidos de ações energéticas ou espirituais negativas, a fim de que o trabalho e o resultado esperado possam ocorrer a contento.

Um trabalho seguro no templo

A realização de trabalhos no templo depende de algumas condições mínimas, e sua inobservância, intencional ou não, pode influenciar diretamente seu sucesso.

Para que tudo seja feito de forma segura, deve-se ter um assentamento para as forças de esquerda e outro para as de direita, fazer um isolamento do espaço do templo e ativar devidamente todas as forças de proteção. Além disso, é preciso uma boa defumação, concentrada e consciente, e cada membro da corrente, desde o sacerdote até o mais novo do templo, deve realizar seu preparo para estar em equilíbrio no momento da realização dos trabalhos. Também é necessário que se faça um encerramento após os trabalhos, descarregando energias que possam estar presentes no ambiente. Esse descarrego é feito no próprio ritual, com pontos de encerramento ou ações específicas.

A ordem em que cada ritual é realizado e sua forma prática são definidas pela vertente que se pratica. Por isso, é possível que um adepto desinformado ou inexperiente observe o trabalho de um templo e diga que não existe este ou aquele ritual, quando, na verdade, o ritual pode acontecer de maneira oculta, reservada ou mesmo "maquiada"[12] por outros rituais.

Público do templo

Mesmo que realize trabalhos fechados, ao menos uma vez a cada ciclo, a cada período, o templo de Umbanda deve abrir as portas ao público, pois esse é o objetivo de chamarmos espíritos de luz à nossa presença: auxiliar aqueles que precisam.

Ao abrir o templo, o dirigente não deve limitar o acesso ou escolher quem entra ou não para atendimento. Quando o público é muito grande, é necessário, por questões de espaço e de tempo, distribuir senhas para atendimento, mas é importante que se atenda o máximo de pessoas possível. Com isso, afirmamos claramente que você não saberá quem vai entrar em seu templo: seja pobre ou rico, magro ou gordo, brasileiro ou estrangeiro, na Umbanda não se faz diferença. Saiba, porém, que, ao abrir a porta, o templo poderá receber visitantes comuns e marginais,[13] o que torna o trabalho arriscado.

---

12 Usamos o termo *maquiada* para afirmar que um ritual pode estar oculto no decorrer de outro sem que algo seja dito ou sem que exista menção clara a ele, o que faria o primeiro, maquiado pelo segundo, parecer com aquele, deixando de ser reconhecido como tal. Como exemplo, podemos citar o isolamento do terreiro, que pode ocorrer dentro do ritual de defumação: sem que se perceba, o dirigente profere mentalmente comandos que limitam a área de atuação do trabalho.

13 Por *marginais*, entendemos as pessoas que vivem à margem da sociedade, não se enquadrando nos arquétipos sociais comuns a uma região. Comumente, esse título é atribuído a contraventores ou até mesmo a criminosos, porém, ao utilizá-lo aqui, não estamos expressando preconceito contra qualquer pessoa.

Rituais externos

É comum a muitas doutrinas a prática de trabalhos externos, como rituais na praia, na mata, no cemitério, em ginásios, entre outros espaços, para garantir um grande público e divulgação em massa da religião.

Nesses trabalhos, a preparação visando a segurança também é importante. O dirigente, muitas vezes, redobra os preparos, tanto no burilamento[14] quanto nas firmezas e assentamentos, uma vez que trabalhos externos não o eximem da obrigação de cuidar da segurança da corrente, dos assistentes e até mesmo dos guias espirituais. Uma proteção incompleta ou incorreta, feita sem a devida atenção, coloca em risco a integridade dos espíritos, que baixam suas vibrações para se manifestar e ficam à mercê das proteções do templo.

---

14 O burilamento é a reforma íntima. Trata-se de melhorar os próprios pensamentos e ações, bem como se livrar de vícios e costumes prejudiciais à saúde e à moralidade.

A PRÁTICA
UMBANDISTA FAMILIAR

Todas as religiões incentivam e orientam a prática familiar, isto é, a realização de cultos em casa, que muitas vezes envolve apenas uma reunião para orações. Na Umbanda, contudo, a prática familiar — que acredito já ser antiga na religião — é delicada.

Resumidamente, a principal intenção da Umbanda é a manifestação do espírito para a prática da caridade. Mas como essa intenção pode ser garantida na prática umbandista familiar?

Praticar essa modalidade de Umbanda é uma forma de cultuar e praticar a religião em casa com os amigos e familiares. Nem todos os umbandistas, contudo, são médiuns desenvolvidos na prática da manifestação mediúnica ou incorporação. Alguns têm outros tipos de mediunidade, outros acreditam não ter nenhum tipo (apenas pensam). Como, então, essas pessoas podem cultuar a Umbanda com a mesma segurança com que isso é feito em um templo? Tais dúvidas serão respondidas mais adiante.

Objetivo da prática

O objetivo da prática é direto e claro: cultuar a Deus, os pais e mães orixás e as Linhas de Trabalho, trazendo até nossas casas e famílias o mesmo axé que recebemos no templo de Umbanda. Com a prática familiar, atraímos a força necessária para abençoar diretamente as pessoas com quem convivemos em nossas casas.

Quem pode e quem deve

Toda pessoa com um pouco de bom senso, fé e amor pela Umbanda pode realizar cultos em casa. Acredito que todos devemos, ao menos uma vez na vida, realizar a prática umbandista familiar, pois é uma experiência única e totalmente diferente dos trabalhos convencionais de Umbanda.

O que cultuar?

Esta é uma pergunta que muitos se fazem ao se deparar com o comando de um trabalho familiar. Primeiramente, devemos nos lembrar das crenças que fazem parte da Umbanda. Feito isso, saberemos quais tipos de culto podemos realizar. A seguir, alguns cultos que já realizei e outros que me foram sugeridos.

Como já foi dito, antes de tudo, podemos e devemos cultuar a Deus e, em seguida, nossos pais e mães orixás. Depois, podemos cultuar as Linhas de Trabalho. Por fim, vêm os cultos direcionados, como o de cura, o de abertura de caminhos e os cultos específicos às forças da Umbanda.

Aqui vale um alerta: Deus e os orixás estão sempre dispostos a nos beneficiar com Seus poderes divinos, porém nem sempre estamos abertos a recebê-los. Quando nos colocamos diante Deles com o intuito de clamar por auxílio, precisamos ter ciência de que, se pedirmos, vamos receber. À primeira vista, isso não parece assustador — pelo contrário, pode se assemelhar mais a um incentivo do que a um alerta —, mas precisamos atentar ao que pedimos e a como pedimos. A visão de Deus e a de um orixá sobre a vida e as coisas da matéria não são iguais à nossa. Portanto, o que consideramos ruim pode não ser ruim do ponto de vista Deles, e vice-versa.

Vamos supor, por exemplo, que você se sinta insatisfeito com sua função na empresa em que trabalha e gostaria de uma promoção para o cargo de gerente, a fim de ganhar mais. Suponha também que você é merecedor dessa graça e, então, pede a um orixá da seguinte forma: "Eu quero ser gerente e ganhar mais do que ganho hoje. Ajude-me, meu pai". O orixá, então, tira você desse emprego. Embora você não tenha pedido isso, ao perceber que você não tinha chance de ser promovido naquela empresa, ele o tira do emprego e o encaminha para outro — que você talvez demore a achar, até mesmo para que valorize seu próximo trabalho —, no qual finalmente será gerente e ganhará mais. O encaminhamento, portanto, nem sempre estará de acordo com o nosso tempo.

Em resumo, devemos observar bem os nossos pedidos para evitar sustos e decepções.

Onde praticar?

A prática familiar deve ser realizada no lar do adepto, que é o templo da família. Não devemos realizar práticas em locais públicos, nem na casa de terceiros. Caso um irmão ou um vizinho tenham o desejo de realizar em casa uma prática familiar, eles serão os condutores e realizadores dessa prática, pois existem tarefas que deverão ser realizadas e que somente o dono da casa[15] poderá realizar.

Assim, realize sua prática do seu jeito em sua casa e deixe que as pessoas façam o mesmo na casa delas.

---

15 Aqui usamos o termo *dono* no sentido de *morador*.

AS SETE LINHAS
DE UMBANDA

Para entendermos o que podemos e o que não podemos cultuar, primeiro devemos compreender as tão polêmicas Sete Linhas de Umbanda.

Muitos afirmam que são sete orixás, mas cultuam-se mais que sete. Outros as confundem com as Linhas de Trabalho, o que também é um ledo engano. Já alguns falam em sete reinos, o que não é muito diferente do que ensinamos aqui, respeitando-se as diferenças teológicas de cada vertente.

As Sete Linhas de Umbanda, do nosso ponto de vista, são sete irradiações de Deus,[16] sete formas pelas quais Ele se manifesta na Umbanda. Essas sete formas, como vimos, são equiparadas aos sete sentidos da vida:

---

16 Visão trazida da Umbanda Sagrada, vide as fontes bibliográficas deste livro.

- o sentido da Fé;
- o sentido do Amor;
- o sentido da Razão (ou do Conhecimento);
- o sentido do Equilíbrio (ou da Justiça);
- o sentido da Ordenação (ou da Lei);
- o sentido da Evolução;
- o sentido da Geração.

Esclarecidas as sete irradiações divinas, é mais fácil entender quais orixás cultuamos: a cada uma dessas irradiações, Deus designou dois de seus filhos, um para proteger o lado ativo (que irradia a energia o tempo todo) e outro para proteger o lado passivo (que absorve o tempo todo, retirando os excessos). Vejamos:[17]

Irradiações Divinas	Positivo/Ativo	Negativo/Passivo
Fé	Oxalá	Logunã
Amor	Oxum	Oxumarê
Razão/Conhecimento	Oxóssi	Obá
Equilíbrio/Justiça	Xangô	Iansã
Ordenação/Lei	Ogum	Oroiná
Evolução	Obaluaê	Nanã

17 A base teórica dos orixás apresentados vem dos ensinamentos de Pai Benedito de Aruanda, por meio do médium Rubens Saraceni, que não devem ser confundidos com os fundamentos da Magia Divina. Nesta, Xangô se polariza com Oroiná, pois ambos são orixás do fogo, assim como Ogum com Iansã, pois ambos são orixás do ar. Nas Linhas de Umbanda daquela, entretanto, estes orixás se cruzam para a polarização da Lei com a Justiça, ou seja, o ar de Ogum ganha movimento com o fogo de Oroiná, assim como o fogo de Xangô é alimentado pelo ar de Iansã.

Irradiações Divinas	Positivo/Ativo	Negativo/Passivo
Geração	Iemanjá	Omolu

São essas as Sete Linhas de Umbanda e os orixás que as regem ativa e passivamente. É possível encontrar diversas grafias para o nome dos orixás, mas, por se tratar de uma religião brasileira, julgamos ser mais adequado que a Umbanda utilize termos em português brasileiro. Logo, neste livro, os nomes dos orixás estão aportuguesados.

Existem diversos cursos virtuais que podem trazer maior profundidade ao conhecimento sobre os orixás e seus fatores.

Os Fatores de Deus

Falamos das Linhas de Umbanda, mas não há como estudá-las sem citar os Fatores de Deus, que são energias irradiadas por Ele que contêm em seu núcleo uma ação específica. É por meio dos Fatores de Deus que alcançamos nossas graças dentro ou fora de um terreiro de Umbanda. Para todo pedido existe um Fator que pode atendê-lo de forma positiva ou negativa. Aqui, vamos focar apenas nas formas positivas.

É difícil expressar, em português, o nome ou o significado de cada Fator,[18] tamanha a sua complexidade. Por isso, cada um dos fatores que conhecemos recebeu um nome muito simples, que é o verbo realizador que o representa.

18 Na verdade, o termo *fator* é utilizado para caracterizar um elemento verbal, ou seja, o verbo gera algo, que, na qualidade de seu gerador, é um fator. Para que se tenha ideia da grandeza do que afirmamos aqui, até mesmo ao usarmos o termo *verbo realizador* estamos falando de um fator de Deus — o fator realizador, aquele que realiza algo. Outros são os fatores agregador, congregador, purificador, equilibrador, curador, gerador, ordenador, decantador e assim por diante.

Na prática familiar, os Fatores servem de guias para a condução de alguns tipos de trabalho, como o de cura, no qual se evocam principalmente os orixás e as Linhas de Trabalho que atuam com o fator curador.

A criação e a determinação de fatores são livres, uma vez que a divindade, por intermédio de seus mensageiros, capta a real intenção do que está sendo verbalizado. Portanto, em sua prática, pense no resultado que busca, concentre-se na ação que deseja obter da divindade e verbalize essa ação, trazendo à tona o principal fator da atuação.

Imagine, por exemplo, que você não esteja mantendo boas relações com uma pessoa e queira pedir auxílio para se reconciliar com ela. Nesse sentido, seu verbo principal deve ser *reconciliar*, pois ele se transformará no fator reconciliador, que é a energia que envolverá você e a pessoa em questão, trazendo aquilo que deseja. Assim, essa energia, chamada aqui de fator, será a reconciliadora da relação.

HIERARQUIA DIVINA

Embora a hierarquia divina não seja muito extensa, é um assunto importante. Com ela, temos condições de estruturar corretamente uma oração, fazer um clamor, pedir por nós mesmos e pelos outros, conduzir um culto ou até mesmo um trabalho espiritual. Sua ordem é a seguinte:

1. Deus;
2. orixás divindades (não se manifestam e são representados pelos orixás trabalhadores, de menor grau, que se manifestam sem seus médiuns);[19]
3. seres celestiais e angelicais;

---

19 É imprescindível entender que existem categorias de espíritos que se manifestam entre nós que apenas recebem o *status* de orixá, ou seja, são de luz tão elevada que superam muito a elevação de nossos mentores espirituais. Entretanto, não são emanações diretas do Criador, apesar de fazerem parte Dele. Assim, não são o orixá em si, apenas o representam.

4. orixás trabalhadores (são os que se manifestam nos terreiros. Você já deve ter visto, em uma mesma casa, vários Oguns incorporados. Se fosse um só, como seria?);
5. guias espirituais (Linhas de Trabalho);
6. seres e criaturas espirituais;
7. espíritos;
8. encarnados (nós).

Devemos sempre seguir essa hierarquia em nossas atuações. Quando evocamos ou pedimos, a ordem é de cima para baixo; já quando agradecemos ou encerramos um trabalho, a ordem é de baixo para cima. Vejamos, por exemplo, as preces de clamor e de agradecimento a seguir.

Clamor

"Senhor Deus, divino Criador, amados pais e mães orixás, meu anjo guardião, guias e mentores espirituais que me assistem, seres elementais, naturais e divinos que envolvem este lugar onde estou, eu vos clamo e vos peço neste momento que me tragam harmonia, entendimento e concentração para que eu possa realizar uma boa leitura e para que o conteúdo trazido possa ser absorvido por mim conforme minha necessidade e meu merecimento. Amém."

Agradecimento

"Agradeço aos seres elementais, naturais e divinos que aqui estão, aos meus guias e mentores espirituais, ao meu anjo guardião e aos pais e mães orixás que me regem por todo amparo e proteção que recebo. E, por fim, agradeço a Deus pelas bênçãos que recebi e peço, amado Criador, que me abençoe e abençoe todas as forças que mencionei pela bondade e benevolência com as quais me conduziram e me atenderam. Amém."

AS SETE LINHAS
DE TRABALHO

Muitos irmãos confundem as Sete Linhas de Umbanda com as Sete Linhas de Trabalho. As Sete Linhas de Trabalho[20] são as hierarquias dos guias espirituais que se manifestam na Umbanda por meio dos médiuns. A ordem dessas hierarquias[21] é a seguinte:

1. Preto-velho;
2. caboclo;
3. erê;
4. marinheiro;

---

20 Para saber mais a respeito de cada uma das Linhas de Trabalho, vale a pena conferir o livro *Os arquétipos da Umbanda*, de Rubens Saraceni (vide Referências bibliográficas deste livro), que descreve de forma clara e direta cada linha, seus arquétipos e suas funções na dinâmica do trabalho do terreiro.

21 Marinheiro, cigano, baiano e boiadeiro estão no mesmo grau, mas têm funções diferentes.

5. cigano;
6. baiano;
7. boiadeiro.

Forças de direita e forças de esquerda

Talvez você tenha notado a ausência de exu, pombagira, exu-mirim e pombagira-mirim nas Linhas de Trabalho. A omissão foi intencional, para que, antes de os apresentarmos, possamos abordar as forças de direita e as de esquerda e as principais diferenças entre elas.

Difundiu-se, no imaginário popular, a ideia de que o lado esquerdo do cérebro lida com questões racionais e controla nossos pensamentos lógicos e analíticos, tratando-se de um hemisfério racional. Por sua vez, o lado direito de nosso cérebro, mais intuitivo, recebe o título de hemisfério emocional, sendo responsável pela criatividade e pelas emoções. O hemisfério direito controla o lado esquerdo do corpo, ao passo que o hemisfério esquerdo controla o lado direito.

Na Umbanda, as linhas ou forças que atuam à direita são compostas de entidades, espíritos de luz, que atuam em nossa vida valendo-se da racionalidade. Por isso, sua atuação tende sempre a explicações e ensinamentos que nos remetem ao pensamento lógico. Já as linhas ou forças de esquerda são compostas de entidades, espíritos de luz, que atuam em nossa vida usando a emoção, motivo pelo qual nos provocam sentimentos diversos, como alegria e medo, por exemplo. Todavia, as forças de direita e as de esquerda não se repelem; ao contrário, se complementam, atuando no todo.

Todas as irradiações de Deus devem chegar até nós tanto racional quanto emocionalmente. É por isso que vemos caboclos regidos por todos os orixás, bem como exus regidos por todos os orixás, pois são estes os principais representantes de cada lado da atuação de Deus em nossa vida.

Para que sirva de experiência, se você frequenta um terreiro, seja como médium ou assistido, observe a forma e a metodologia dos atendimentos realizados por caboclos e pretos-velhos. Eles geralmente são feitos com sabedoria e palavras firmes, de ânimo, mas sempre trazendo o consulente à realidade e mostrando, de forma racional, um ponto de vista alternativo sobre os fatos.

Por outro lado, nos trabalhos de esquerda, vemos um atendimento mais emocional, que, algumas vezes, pode envolver brincadeiras, risadas e broncas. Isso toca diretamente em nossos instintos primitivos e emocionais, fazendo com que reajamos e superemos obstáculos.

As Linhas de Trabalho na Umbanda

Dentre as práticas umbandistas está a manifestação mediúnica da psicofonia, a qual chamamos de incorporação. Nessa prática, nossos guias e mentores espirituais manifestam-se nos terreiros com o intuito de orientar, auxiliar e trabalhar no descarrego e na energização das pessoas ali presentes.

Tais práticas trazem até nós um contato maior com a espiritualidade. Esse contato se dá em um nível pessoal tão grande que, muitas vezes, ouvimos alguns irmãos falarem dos mentores espirituais como se fossem pessoas que moram logo ali, na casa ao lado. Não que isso seja proibido — eles realmente se colocam próximos de nós —, porém, para que trabalhem na Umbanda, os mentores espirituais de luz devem abdicar de suas individualidades e de sua identidade pessoal, deixando de ser, na prática, tão "familiares".

Um dos pilares que sustentam o trabalho da Umbanda é a humildade. Da forma como propomos aqui, trata-se de despir-se da vaidade e do ego e demonstrar que o trabalho é feito pelo conjunto, e não pelo indivíduo. De acordo com essa visão, os mentores espirituais que se manifestam na Umbanda deixaram de lado seus nomes espirituais e pessoais para adotar um nome simbólico, que é utilizado pelo mentor espiritual para demonstrar, de forma "lúdica", seu tipo de atuação e/ou especialização. Seriam uma espécie de cargo e de especialidade.

Além de usar esse nome simbólico, os mentores se despem de sua roupagem fluídica em prol de sua atuação mediúnica e, em seu lugar, vestem roupagens que definem os graus de hierarquia dentro da manifestação espiritual na Umbanda. Sendo assim, cada mentor se adapta a determinado grau conforme seu trabalho, função, origem e objetivo, assumindo as roupagens desse grau e de seu arquétipo.

Dentro da Umbanda temos alguns arquétipos como preto-velho, caboclo, erê, baiano, boiadeiro, cigano, marinheiro, exu, pombagira, exu-mirim, pombagira-mirim, malandro, entre outros que surgem a cada dia, fundamentados ou não. Esses arquétipos, por si só, não compõem as Linhas de Trabalho; são linhagens espirituais que agregam-se a uma ou outra Linha de Trabalho conforme a individualidade dos mistérios trazidos por cada mentor.

Usamos o termo *linha* para determinar uma linhagem. Então, quando queremos nos referir à linhagem dos caboclos, usamos a terminologia simplificada Linha dos Caboclos. Ocorre que a Linha dos Caboclos, por si só, não é uma das Sete Linhas de Trabalho; se assim o fosse, teríamos a Linha dos Pretos-velhos, a Linha dos Erês, a Linha dos Baianos e assim por diante. Somando apenas os arquétipos já apresentados, teríamos doze Linhas de Trabalho.

As Linhas de Trabalho na Umbanda são, portanto, as linhagens formadas por tipo de atuação, pelo sentido ao qual cada guia está diretamente ligado, ou seja:

- Linha do Tempo: regida por Oxalá e Logunã, recebe principalmente a linhagem dos boiadeiros;
- Linha da Renovação: regida por Oxum e Oxumarê, recebe principalmente a linhagem dos erês;
- Linha da Sustentação: regida por Oxóssi e Obá, recebe principalmente a linhagem dos caboclos;
- Linha da Demanda: regida por Ogum e Iansã, recebe principalmente a linhagem dos baianos;
- Linha da Magia: regida por Xangô e Oroiná, recebe principalmente a linhagem dos ciganos;
- Linha das Almas: regida por Obaluaê e Nanã, recebe principalmente a linhagem dos pretos-velhos;
- Linha das Águas: regida por Iemanjá e Omolu, recebe principalmente a linhagem dos marinheiros.

Perceba que mencionamos que cada linha recebe "principalmente", e não exclusivamente, uma linhagem. Isso ocorre porque temos outras que atuam dentro dessas Linhas de Trabalho, recebendo outro nome e outro arquétipo. Exemplo disso é o dos pretos-velhos quimbandeiros, que originalmente atuariam na Linha das Almas, mas, na prática, atuam na Linha da Demanda. Outro exemplo é o dos exus, que, apesar de atuarem de maneira muito específica, estão subordinados à Linha da Demanda e, como tal, respondem, em sua maioria, a Ogum. Também podemos citar os malandros, que muitas vezes atuam na Linha da Demanda, ao lado dos baianos, e eventualmente abrangem os mistérios da esquerda, representando a mesma Linha de Trabalho.

A Umbanda, evidentemente, não é engessada; portanto, é possível encontrar caboclos atuando na Linha do Tempo, da Renovação, da Demanda, da Magia, das Almas e até mesmo das Águas. De forma similar, existem outros mentores espirituais que, mesmo vinculados a certa linhagem, atuam em linhas diversas da tradicional.

Por tratar-se de uma visão trazida por uma corrente pouco popular dentro da Umbanda, faz-se necessário discorrer um pouco mais sobre cada uma das Linhas de Trabalho.

Linha do Tempo

A Linha do Tempo é composta, principalmente, de espíritos que estimulam a fé e buscam a evolução daqueles a que assistem, utilizando-se do entendimento de seu passado, a fim de que exista uma melhora concreta nas atitudes do presente e, assim, melhor direcionamento no futuro.

Geralmente, atuam envolvendo em seus mistérios espíritos desgarrados e arredios que não se permitem aceitar os erros do passado. Todo aquele que oculta de si os próprios erros, até mesmo por medo de encará-los, deve ser assistido pela Linha do Tempo.

Aqueles que se desequilibram nas Linhas da Fé também recebem atuação dessa linha. Entretanto, por estarem, em geral, recolhidos no polo negativo devido a seus desequilíbrios, são tratados diretamente pelas forças de esquerda que atuam na Linha do Tempo.

Linha da Renovação

O principal objetivo desta Linha de Trabalho é dar uma nova oportunidade àquele que perdeu o amor-próprio, a inocência ou a capacidade de enxergar a vida com bons olhos.

Os erês são mestres nesse campo de atuação, pois, com sua alegria, devolvem o amor-próprio e diluem as máculas da vida da pessoa para que, mais leve, ela possa trilhar novamente os caminhos da vida.

Linha da Sustentação

Uma das linhas que têm a maior atuação na Umbanda, a Linha da Sustentação dá todo o amparo para que os trabalhos aconteçam. Sustentando os médiuns, os assistidos e, muitas vezes, a própria casa (terreiro), agem de forma ativa nas decisões que envolvem a atuação espiritual e conduzem o desenvolvimento dos trabalhos de Umbanda e da evolução espiritual daqueles colocados sob sua tutela.

Os caboclos são muito atuantes nessa linha e, portanto, na maioria das vezes, estão à frente dos trabalhos dos terreiros e, também, da coroa de seus médiuns.

Mais uma vez, é preciso destacar que não há engessamento na Umbanda e que, em certas ocasiões, é possível encontrar outras linhagens atuando na vida do médium na Linha da Sustentação. Por isso, encontraremos pretos-velhos chefiando a coroa do médium, bem como, em outros casos, baianos, boiadeiros, ciganos, marinheiros e até exus dando a sustentação e conduzindo os trabalhos de um terreiro como chefes da casa.

Linha da Demanda

A Linha da Demanda tem como principal função atuar nas demandas espirituais e energéticas do terreiro e de seus assistidos. Tais demandas referem-se não somente a trabalhos negativos ou das trevas, como também aos desequilíbrios do dia a dia, que muitas vezes desencaminham as pessoas de seus objetivos, sejam materiais ou espirituais.

Conhecidos como mandingueiros, é na força de Ogum e de Iansã que os mentores que respondem pela linhagem dos baianos atuam na Umbanda. Magos por natureza, assim que chegam ao terreiro já começam a disseminar suas rezas e feitiçarias para que seus assistidos recebam do astral a força necessária para superar todo tipo de atuação negativa.

Sua reza é forte e reconhecidamente eficaz, porque têm ao seu lado Ogum, representando a Lei de Deus, e Iansã, representando a Justiça Divina.

Linha da Magia

Muitas vezes, confunde-se magia com demanda. Na demanda, encontramos a atuação de magos que nos protegem e cortam todo o mal, enquanto na Linha da Magia encontramos o outro lado da magia, mais misterioso e voltado para a criação e a direção.

Claro que os mentores que atuam nessa linha também realizam suas magias com o objetivo de cortar atuações negativas, mas somente aquelas feitas diretamente em sua linhagem — afinal, são detentoras de segredos e mistérios que podem trazer o sucesso, o ouro, a fartura e a saúde ao homem.

Nessa Linha de Trabalho, temos a atuação da linhagem dos ciganos. Porém, não nos limitamos a eles e podemos encontrar outras linhagens, como a de exu e a de pombagira, que se fazem muito presentes.

A linhagem dos ciganos foi agregada a essa Linha de Trabalho porque eles são a principal representação da magia secreta e oculta em nosso plano, podendo, melhor do que ninguém, falar a respeito desse assunto.

Linha das Almas

A linhagem dos pretos-velhos é o principal símbolo da Linha das Almas. Mas qual é a associação entre os velhos africanos e essa Linha de Trabalho tão falada na Umbanda?

Nossos amados pais e mães, tios e tias, avôs e avós são especialistas nas rezas e nos benzimentos que trazem a cura para a alma.[22] Cuidam de um filho com muito carinho e dedicação, trazem o acalento e o descanso para as almas maltratadas. Muitas vezes, o dia a dia e os choques energéticos causam desgastes que se tornam ferimentos na parte mais profunda do espírito. Com paciência, os mentores que atuam nesta Linha de Trabalho costumam alcançar esse ponto mais profundo e direcionar a cura.

Linha das Águas

Nessa Linha de Trabalho temos os mentores que lavam o espírito e a matéria dos assistidos, bem como os terreiros de Umbanda, livrando-os de todas as cargas negativas e paralisando aqueles que se recusam a evoluir e a caminhar no sentido da Luz.

Essa Linha de Trabalho abrange, em sua essência, a linhagem dos marinheiros, mas nela é possível encontrar outros mentores, com roupagens diversas, até mesmo aqueles que atuam à esquerda nos trabalhos de Umbanda.

Espíritos de alta luz e inteligência, eles se mostram criativos nos métodos de atuação, trazendo aos trabalhos a maleabilidade da água, não se prendendo a obstáculos e sendo muito insistentes em suas atuações, para que sejam transpostas quaisquer barreiras que impeçam a evolução.

Os espíritos dessa Linha de Trabalho costumam gerar nas pessoas ânimo, alegria, vontade de viver e fé. São sábios quando se fala em bem viver, pois respeitam a vida como um todo, desde o menor ser até o mais forte de todos.

---

22 Quando falamos em alma, referimo-nos à essência do ser, a seu íntimo, a uma parte do espírito tão interna que pode ser equiparada à sua centelha divina.

LINHAS DE ESQUERDA

Triângulo de forças

O triângulo de forças que rege as linhas de direita (Figura 1) possui um vértice do triângulo que aponta para cima, conduzindo ao encontro com os altos níveis espirituais, levando a Deus. Nele estão as três linhas que representam a evolução do homem: erê — criança; caboclo — homem adulto; preto-velho — idoso.

Já o triângulo de forças que rege as linhas de esquerda (Figura 2) é composto de exu, pombagira e exu-mirim.[23] Um de seus vértices aponta para baixo, indicando um mergulho dentro do nosso íntimo para que tenhamos reveladas nossas mazelas e possamos nos curar de traumas e doenças emocionais.

---

23 Aqui encontramos exu-mirim menino e pombagira-mirim menina, ambos respondendo ao mistério mirim.

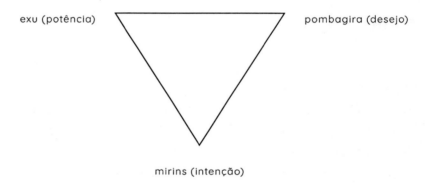

Figura 1
Triângulo de forças de direita

Figura 2
Triângulo de forças de esquerda

As linhas de esquerda se encarregam da representação da família, que é nosso ponto forte de apoio emocional, representando-a da seguinte maneira: exu — marido; pombagira — esposa; mirins (menino ou menina) — filhos.

Dessa forma, podemos entender um pouco mais a atuação das linhas de esquerda, sem deixar de lado o fato de que todos os representantes dessas linhas atuam como guardiões em nossa vida e nos terreiros, afastando de nós tudo o que tenta nos desequilibrar emocionalmente ou até mesmo nos causar mal.

Juntando as forças de direita e as de esquerda, temos o equilíbrio entre a razão e a emoção, podendo, assim, agir plenamente.

Figura 3
Equilíbrio entre a direita e a esquerda

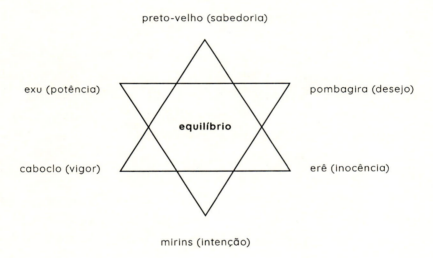

Interpretamos as demais linhas que atuam na Umbanda como linhas intermediárias e transitórias, pois se trata de um campo de atuação que recebe membros das linhas de esquerda que alcançaram alto grau evolutivo (isso não significa, entretanto, que não sejam evoluídos na esquerda) e envia membros aos graus de direita, servindo de linhagem central de forças.

Orixá Exu e exu de trabalho

Existe na Umbanda uma grande confusão entre o orixá Exu e o exu de trabalho. Quando falamos do primeiro, não nos referimos aos senhores que se manifestam nos terreiros e nos auxiliam. Falamos, na verdade, de uma divindade que é detentora dos mistérios do Vazio. Isso significa que, ao sermos envolvidos por seus mistérios, temos todo o nosso negativismo esgotado.

Dizer que recebemos a atuação do orixá Exu pode ser muito impreciso, pois nunca sabemos quão negativos estamos aos olhos da espiritualidade. Muitas vezes, as desculpas, usadas como muletas para nossas ações, de nada servem perante a grandiosidade do orixá, que consegue nos ver de uma forma que não conseguimos.

Alguns espíritos, ao desencarnar, estão tão impregnados de energias negativas — nem sempre geradas por maldade, mas às vezes por culpa, depressão ou decepção com os acontecimentos vividos na matéria — que, ao serem levados diante de um pai ou mãe orixá, percebem que é necessário um esgotamento completo para que possam voltar a caminhar. Assim, caindo nos domínios de Exu, esse espírito é esgotado a tal ponto que só sobra dentro do ser o Vazio. Como esse é um mistério direto do orixá Exu, o Vazio atua como centelha revitalizadora e torna esse espírito um herdeiro direto de seus mistérios, fazendo com que passe a atuar sob as ordens e a irradiação de Exu.

Espíritos como esse são os exus de trabalho, isto é, aqueles que, depois de serem purificados de seus negativismos, se tornam executores da Lei de Ogum, dentro dos mistérios de Exu e sob o amparo de todos os pais e mães orixás.

CULTO A DEUS

O culto a Deus é o principal propósito das religiões. É por meio do culto que nos religamos às forças divinas que nos amparam e nos conduzem em nossa evolução. Assim, é de extrema importância cultuar o divino Pai Olorum, pois, quando abrimos as portas de casa para Deus, abrimos nossa vida para os benefícios de sermos filhos Dele.

De nada adianta cultuar as Linhas de Trabalho, cultuar um caboclo ou um preto-velho, sem cultuar antes um orixá. Do mesmo modo, de nada adianta cultuar um orixá sem antes cultuar a Deus. Qualquer culto que façamos sem que seja, em primeiro lugar, um culto a Deus será, na verdade, um exemplo da nossa vaidade, ao tentarmos exaltar um guia ou orixá antes mesmo de exaltarmos Àquele que nos criou e nos deu a vida.

Quem é Olorum?

Em se tratando de Deus, é preciso tomar muito cuidado com o que dizemos. Não podemos trocar hierarquias nem nomenclaturas, pois essa confusão poderá causar um grande transtorno.

Deus, Criador Supremo de tudo e de todos e maior que tudo e que todos, é Nosso Pai Maior. Em cada cultura e religião, Ele recebe um nome; porém, o certo é que é único e que atua de forma direta e indireta em nossas vidas o tempo todo. Direta porque, como Deus é tudo, todo e qualquer mecanismo utilizado para chegar até nós (guias, orixás, santos, anjos etc.) faz parte de Deus e, portanto, é Deus. Indireta porque Deus não exige de nós os créditos por todo o auxílio que nos dá, segmentando Sua atuação por meio de seus muitos organismos vivos ativos e pensantes.

Na Umbanda, os nomes mais comuns para Deus são Olorum, Tupã, Zâmbi e Maioral. Podem existir outros, mas todos remetem ao mesmo Deus. Contudo, como já dissemos, muitos umbandistas confundem Deus com Oxalá. Isso é natural, pois Oxalá é a própria representação da Fé — se existem religião e religiosidade é porque Oxalá irradia suas vibrações de fé constantemente. Mas deve ficar claro que Deus criou tudo, inclusive Pai Oxalá, que é um orixá universal, masculino, ativo, irradiador e guardião dos mistérios da Fé.

Existe, no curso de Doutrina Umbandista para Crianças "Axé Mirim", um ponto cantado que diz o seguinte:

> Nosso Pai Maior é Olorum,
> Senhor no Céu e aqui na Terra também;
> não importa se o chamam de Deus, de Alá ou de Jeová,
> nosso Pai Maior ele sempre será.

REUNINDO FAMÍLIA
E AMIGOS

É muito importante reunirmos família e amigos para a prática familiar, pois é nela que podemos desmistificar a Umbanda para aqueles que desconhecem a religião e seus rituais. Com isso, quebramos dogmas e preconceitos, nos aproximamos das pessoas e permitimos que elas façam parte das nossas práticas, ainda que parcialmente.

Ao convidar familiares e amigos, é importante prepará-los e deixá-los à vontade para comparecer ou não, tendo em mente que as pessoas que não vão a um terreiro por causa do barulho, do odor do charuto, da fumaça da defumação ou por qualquer outro motivo provavelmente não vão querer ir à prática familiar pensando que o trabalho será como o realizado no terreiro. Ao esclarecer o que se utiliza e o que não se utiliza no trabalho, podemos envolver com mais facilidade aqueles à nossa volta e trazê-los, se não para a Umbanda, para o convívio religioso em família.

Aprender sempre

O aprendizado é fundamental em todas as áreas da vida, e no exercício religioso isso não é diferente. Engana-se aquele que pensa saber tudo sobre certo tema. Mesmo que seu conhecimento seja amplo, sempre haverá alguém com conhecimento mais aprofundado sobre determinado assunto, portanto, sempre temos algo a aprender.

É importante buscarmos sempre a evolução por meio do aprendizado, pois ele nos proporciona realizar novos feitos, inclusive dentro das ritualísticas umbandistas. O conhecimento é a base para um trabalho bem-feito, que é aquele que está sempre evoluindo para se adaptar às necessidades dos que procuram o templo.

O que ensinar?

Além de termos sempre que aprender e termos algo a aprender, somos uma fonte viva de ensinamentos. Todos nós temos experiência em uma ou outra área que as demais pessoas não têm e, dessa forma, somos mais indicados para transmitir esses ensinamentos.

Na prática familiar, é nosso dever ensinar ao próximo os benefícios trazidos por Deus e pelos orixás. Como sacerdotes do próprio culto, devemos buscar novos adeptos à Umbanda, não pelo número conquistado, mas por caridade. Afinal, desejamos dar o que temos de melhor àqueles que amamos.

Devemos ensinar que a Umbanda não tem preconceito contra outras religiões e que os orixás sempre nos beneficiam, mesmo quando não acreditamos neles ou não percebemos sua presença.

Também devemos dizer que todos têm seus protetores — pelo menos um caboclo e um exu — e que, mesmo que não os manifestem ou sequer acreditem que eles existem, esses guias estão ali para protegê-los e ampará-los.

Devemos ensinar a humildade e o amor ao próximo e que, para amar o próximo, temos que aprender a amar a nós mesmos, pois assim saberemos o que é o amor puro, verdadeiro, sem outras intenções.

É assim, mostrando o que a Umbanda tem de melhor, que mostraremos a nossos amigos e familiares as belezas da vida sob a luz de Oxalá.

Como lidar com o preconceito

O preconceito, seja o de familiares e amigos, seja o nosso próprio, é o que mais nos afasta da religião. Muitos de nós não se assumem umbandistas, nem mesmo em situações seguras, como o Censo do IBGE,[24] que dirá em situações mais delicadas, como uma entrevista de emprego.

Talvez por falta de conhecimento ou mesmo por medo de se expor, muitos umbandistas se declaram espíritas, quando, na verdade, espíritas são os irmãos kardecistas.

Outros se autodeclaram católicos, uma vez que, em sua maioria, o povo brasileiro tem uma criação familiar e um direcionamento cultural voltados para essa religião. Essa cultura, que faz parte de nosso país e do povo brasileiro, acaba por enraizar-se em todas as vertentes religiosas. Assim, alguns espíritas estudam a Bíblia, enquanto certas vertentes da Umbanda têm como médium supremo Jesus Cristo, rea-

---

24 De acordo com o último censo realizado pelo Instituto Brasileiro de Geografia e Estatística (IBGE), em 2010, pouco mais de 400 mil pessoas (cerca de 0,21% da população total) se autodeclararam umbandistas. Contudo, sabemos que esse número é bem maior, pois muitos seguidores se dizem católicos ou espíritas por inúmeros motivos, tais como costume, medo, vergonha, "criação" etc. [NE]

lizando rezas católicas em seus ritos. Portanto, é comum encontrarmos umbandistas que se autodenominam adeptos do Catolicismo.

De qualquer forma, não devemos ser preconceituosos com nossa religião ou nossas práticas. Também não devemos aceitar que discriminem a Umbanda, afinal, ela respeita todas as crenças e religiões, sem distinção. Por que, então, teríamos de aceitar o preconceito e a difamação vindos de pessoas que nem ao menos conhecem nossas práticas? Só pode falar de uma religião quem a vivencia. Não devemos falar de religiões que não conhecemos, nem podemos permitir que aqueles que não conhecem nossas práticas falem pejorativamente de nós.

MATERIAL DE APOIO

A prática familiar não pode ser somente um culto do qual os umbandistas vão embora depois que as bênçãos recebidas são agregadas à vida deles. Não que elas não sejam de grande valor, mas o culto é um momento importante para trazer à vida dessas pessoas conhecimento diferenciado acerca da religião.

Nesse sentido, sugerimos a criação de material de apoio — a ser disponibilizado em quaisquer meios ou suportes — que ofereça aos participantes uma síntese do culto familiar. Quando o culto for voltado a um orixá, por exemplo, podemos fazer uma síntese dos atributos dele para que os presentes tenham conhecimento dos benefícios de cultuar tal divindade.

É importante que, em determinado momento do culto, o material de apoio seja lido por completo e, se for o caso, explicado, para garantir que todos os presentes farão, mesmo que por imposição, a leitura desse conteúdo. Outro fator relevante é a leitura do material durante o trabalho e não depois dele, porque, após o esclarecimento dos atributos do orixá cultuado, é provável que o visitante passe a dar mais atenção ao culto e faça seus pedidos com mais fé e entendimento.

Sugerimos que se utilizem os seguintes tópicos referentes ao orixá ou à Linha de Trabalho:

- Nome;
- breve história mitológica (sempre positiva, para evitar rejeição por aqueles que desconhecem o orixá);
- fator principal;
- área de atuação;
- elementos de trabalhos;
- símbolos sagrados;
- ponto de força;
- um modelo simples de oferenda;
- cores, velas, frutas, ervas e pedras;
- pontos cantados;[25]
- um descritivo da ritualística seguida (para que cada um possa se situar dentro do ritual, saber em que parte está);
- elementos adicionais que julgar necessários.

Material de uso obrigatório

Para a realização de trabalhos de acordo com o que é praticado na Umbanda, necessitamos da aplicação e do uso de alguns elementos. Esses elementos são canalizadores de energia e servem de fil-

25 É importante que a letra de todos os pontos cantados utilizados nos trabalhos sejam incluídas no material de apoio para que os visitantes possam acompanhar os cantos e se sintam parte dos trabalhos.

tro para a irradiação divina, potencializando uma energia sutil em um nível vibratório material.

As irradiações de Oxalá, por exemplo, são sutis e imperceptíveis no meio ambiente. Porém, quando acendemos uma vela consagrada ao Pai Oxalá, sua irradiação desce de forma vertical até a vela e, ao chegar à chama, se expande horizontalmente, atingindo os chacras de todos os presentes.

Por esse motivo, costumamos perceber que em dias comuns o espaço do terreiro, por mais sagrado que seja, parece estar com a energia "desligada" e que, depois de firmarmos as velas e prepararmos as proteções, parece ter sido "ligada", atuando em benefício de todos.

Além da vela, outros elementos servem de canalizadores de energia. Esses elementos estão ligados diretamente às sete irradiações de Deus, como já dissemos, e às Sete Linhas de Umbanda: cristal, mineral, vegetal, ígneo (fogo), eólico (ar), telúrico (terra) e aquático. A ligação desses elementos com as Sete Linhas de Umbanda é a seguinte:

- cristal: Fé;
- mineral: Amor;
- vegetal: Conhecimento;
- ígneo: Equilíbrio (Justiça);
- eólica: Ordenação (Lei);
- telúrica: Evolução;
- aquática: Geração.

Vale ressaltar que algumas Linhas de Umbanda se polarizam com outras. Equilíbrio e Ordem (Justiça e Lei), por exemplo, se polarizam entre si e seus elementos — fogo e ar — se complementam: o fogo movimenta o ar, que, por sua vez, alimenta o fogo. Assim, como dito anteriormente, é normal, em vez de encontrarmos Xangô e Oroiná de um lado e Ogum e Iansã de outro, termos essas polaridades cruzadas, vendo Xangô e Iansã de um lado e Ogum e Oroiná do outro.

Outras Linhas de Umbanda que se polarizam são a da Evolução e a da Geração: a Evolução é terra e tem a água como segundo elemento, ao passo que a Geração é água e tem a terra como segundo elemento. Na primeira, a terra traz a estabilidade e a água, a maleabilidade. Já na segunda, a água traz o movimento gerador e a terra, a sustentação.

Mas qual é, então, o elemento obrigatório para o culto familiar? É indispensável que você utilize ao menos um dos elementos citados. Você pode escolher entre uma vela (fogo), um copo com água, um incenso (ar), um cristal, uma pedra de outra classificação que não cristal (mineral), erva ou plantas (vegetal) e terra.

Geralmente, a terra e a água são os elementos menos comuns, por trazerem as irradiações de baixo para cima — não que elas sejam negativas, mas, nesse caso, é necessário ter contato físico com a pessoa para que ela absorva a irradiação. No mais, qualquer um dos outros elementos atua de forma idêntica quando utilizado isoladamente ou em conjunto com os demais.

Material de uso opcional

Definido o primeiro elemento a utilizar, todos os demais passam a ser opcionais, pois não são imprescindíveis ao trabalho. Como elementos opcionais ou complementares podemos citar, além dos já mencionados e das combinações entre eles, frutas e alimentos em geral, objetos de uso pessoal, fotos, roupas e outros itens que serão utilizados para canalizar a energia para pessoas específicas.

Quando um irmão está necessitado e, por algum motivo que foge ao seu controle, não pode se fazer presente no dia do culto, pode enviar como elemento qualquer objeto pessoal ou item ligado diretamente a ele para que este seja inundado das energias vivas e divinas do culto e, depois, devolvido totalmente imantado com o poder do orixá ou da Linha cultuada, beneficiando-o no próximo uso.

Além desses elementos, há as imagens, que não são um elemento propriamente dito, mas também podem ser utilizadas como canalizadores, com uma diferença primordial: nesse caso, a canalização ocorre no sentido contrário.

Como já explicamos, quando acendemos uma vela, a irradiação espiritual desce verticalmente por um cordão energético até a chama. Ao entrar em contato com ela, a energia se expande rapidamente e "explode" horizontalmente, envolvendo todos os presentes. Essas explosões ocorrem continuamente e em pulsos, o que gera a vibração que sentimos nos trabalhos. Essa é a principal diferença entre *irradiação* e *vibração*: a primeira é contínua, estável e vertical, enquanto a segunda vem em pulsos, é instável e horizontal. Por esse motivo, em determinados momentos percebemos que a vibração "baixou".

No que diz respeito à imagem, o sentido energético é o contrário: focamos nela para nos ligar com o guia ou a divindade; então, todos os presentes irradiam, inconscientemente, suas energias (de fé, pedido, agradecimento etc.) de forma horizontal e contínua até essa imagem. Ela concentra essas energias e as envia para o alto através de pulsos verticais; tais energias chegam até o guia espiritual representado ou, no caso dos orixás, até o guardião responsável por filtrar nossa energia profana para depois chegar à divindade.

Percebemos, portanto, que a atuação da imagem como elemento é diferente da atuação dois demais. Por isso, ela não é obrigatória, e sim complementar, levando em conta que queremos receber as bênçãos e irradiações de nossos guias e orixás.

MATERIAL DE APOIO

Utensílios e outros itens

Alguns utensílios são necessários para que os trabalhos possam fluir tranquilamente:

- **faca:** para cortarmos frutas e alimentos que consagramos no culto;
- **toalha:** para cobrirmos a mesa onde ficarão os elementos e o altar provisório;
- **pires, pratos ou candelabros:** para as velas utilizadas serem mantidas em segurança no ambiente, evitando queimar toalhas e mesas;
- **copos ou coités:**[26] para que as pessoas possam consumir líquidos, caso estes sejam elementos do culto;
- **jarra:** para receber água ou outro líquido que será imantado e, posteriormente, consumido pelos participantes;
- **outros:** você deverá analisar com bom senso as necessidades do seu culto e providenciar os itens necessários para que estejam disponíveis para uso no ambiente, evitando que os participantes precisem deixar o cômodo para buscá-los.

---

26 Coité é um tipo de copo feito com metade de um coco seco ou parte de uma cabaça.

ENCONTRANDO O MELHOR ESPAÇO

A busca pelo melhor espaço para a realização da prática familiar não é tão simples como parece, pois, nem sempre, o maior é o melhor. Alguns aspectos importantes devem ser levados em consideração antes de definir o espaço do culto.

O primeiro aspecto é o energético. A energia trazida pelos guias e/ou orixás estará presente no espaço por até 12 horas após o término do trabalho, portanto é ideal que a prática não seja realizada no quarto, pois a movimentação energética pode atrapalhar o descanso de quem for dormir nele. Descartamos também os banheiros, por motivos óbvios. Então, pensemos em espaços como sala de estar, um salão, o quintal, a garagem ou mesmo a cozinha.

Alguns desses lugares podem parecer estranhos, porém devemos escolher um espaço onde possamos receber todas as pessoas de forma aceitável (não adianta enfiar muitas pessoas em um local apertado), preferencialmente com acesso a um banheiro e livre de barulhos externos. Observe os cômodos de sua casa e defina qual será o melhor lugar para sua prática familiar.

Como preparar o espaço físico

É importante ter um espaço aberto para a realização do culto. Para isso, você precisará arrastar os móveis e mudar algumas coisas de lugar temporariamente. Caso não tenha um minialtar,[27] precisará providenciar um, mesmo que provisório.

Higiene é fundamental

Antes de receber as pessoas em casa e de iniciar as firmezas e proteções para o culto, faça uma boa limpeza em todo o local.

Livre o ambiente de itens desnecessários, que não farão parte da prática, deixando-o o mais leve possível, com o menor número de elementos que possam causar uma poluição visual. Verifique, ainda, se o local está em condições de abrigar as pessoas em qualquer situação — por exemplo, caso alguém queira sentar no chão, ele não poderá estar sujo.

Faça também uma boa limpeza no banheiro que será utilizado e deixe à vista os itens necessários para uso, a fim de que as pessoas fiquem à vontade.

---

27 Entendemos por minialtar um local, como uma mesa, onde ficarão os elementos que serão utilizados, sendo o foco da concentração a ser realizada durante o culto.

Caso utilize uma mesa, deixe-a limpa; se utilizar uma toalha, garanta que esteja bem lavada e seca. Os utensílios utilizados no culto também devem estar bem limpos. Além disso, caso decida oferecer algum tipo de fruta, elas também devem ser lavadas e secas.

Acomodações para os convidados

Estar bem acomodada é fator primordial para que a pessoa se sinta bem e faça um bom trabalho. Quanto mais confortável, melhor, pois antes de nossa prática, realizamos uma meditação.

Pense bem no número de convidados, para que sua casa não receba mais pessoas do que suporta. Disponibilize assentos para todos, mas deixe à vontade aqueles que quiserem se sentar no chão. As pessoas passarão 99% do tempo sentadas, então seja bondoso com elas e providencie lugares confortáveis.

Tenha um espaço em que bolsas e mochilas possam ser guardadas. Caso seus visitantes permaneçam com elas nas mãos, poderão ter suas experiências dificultadas. No início do culto, você pode dizer que fiquem à vontade e sugerir sutilmente que tirem os calçados, ficando de meias ou descalças, para que a experiência seja mais confortável. Se ninguém quiser tirá-los, permita que continue calçado.

Tire os sapatos antes de começar. O ideal é que se conduza o culto descalço, salvo em situações em que a saúde será comprometida.

Preparando o espaço energético

Por mais que sua casa seja tranquila, sempre há algo a melhorar no ambiente para que seja realizada uma boa prática familiar. Temos que trazer a nós mesmos, às pessoas e ao ambiente o clima adequado para os trabalhos. Também devemos garantir o mínimo de segurança no local do culto.

Quando evocamos uma força espiritual, seja um guia, seja um orixá, fazemos com que essa força diminua sua vibração para ficar o mais próxima possível da nossa e, em sintonia conosco, nos beneficiar com sua energia.

Muitas forças negativas atuam dentro da mesma faixa vibratória em que ficamos na maior parte do tempo. Em geral, somente após algum preparo é que elevamos nossa vibração ao ponto de cruzar a energia com nossas entidades e orixás para a manifestação. Essa manifestação de que falamos costuma acontecer dentro do terreiro, espaço que está imantado e isolado para servir de receptáculo geral para as forças e energias que ali vão trabalhar. Nossa casa, por melhor que seja, não está imantada nem isolada o tempo todo para ser um local de trabalho para nossas forças, ficando, portanto, à mercê das energias e dos espíritos negativos.

Não quero dizer com isso que sua casa está cheia de espíritos negativos — ao contrário, pode ser que não exista nenhum por perto, mas, caso eles estejam presentes, há uma grande chance de estarem em maior número do que as forças que você for evocar no culto, podendo até ferir, aprisionar ou reter os guias evocados em faixas negativas. Para que isso não aconteça, é preciso preparar o ambiente criando uma proteção para aquele que conduz o trabalho (nesse caso, você) e outra proteção para o ambiente; assim, o cômodo se tornará um solo sagrado e se garantirá a segurança das forças que vierem. A seguir, falaremos sobre esses dois tipos de proteção— a sua e a do espaço.

FIRMEZA E PROTEÇÃO

Os frequentadores de um terreiro certamente estão acostumados com os termos *firmeza* e *proteção*, mas qual é a diferença entre esses dois tipos de trabalho na Umbanda?

Toda proteção é uma firmeza, mas nem toda firmeza é uma proteção.

Quando depositamos nossos pedidos em um elemento e o ativamos em nome de alguma força espiritual ou divina, ou quando diversas pessoas depositam seus pedidos nesse elemento, este se torna uma firmeza. Podemos fazer uma firmeza com um ou mais elementos entre os citados na lista de elementos obrigatórios.

E por que nem toda firmeza é uma proteção? Simplesmente porque uma firmeza é ativada com as intenções que são ali depositadas. Muitos são os motivos pelo qual podemos fazer uma firmeza: para a saúde de um irmão, para a abertura de caminhos de outro (para que ele, por exemplo, consiga um emprego), para nos concentrar em nossos estudos e termos um bom desempenho na escola ou na faculdade.

Mas e a proteção? Nada mais é do que uma firmeza específica para a proteção. Ela serve apenas para esse fim e não deve receber outros pedidos, pois seu objetivo precisa ser claro.

Ao fazer uma firmeza, aquele que a faz deve estar obrigatoriamente sozinho, pois todos os que participarem, direta ou indiretamente de uma ativação, poderão depositar seus pedidos naquela firmeza. Ou seja, enquanto você pede a cura para um irmão, alguém que está ao seu lado pode estar pedindo que um desafeto do trabalho seja demitido, por exemplo, comprometendo a integridade da firmeza.

É claro que no terreiro são feitas firmezas das quais participam diversos médiuns, mas há um acompanhamento espiritual e, geralmente, a gira está em andamento. No caso das práticas familiares, por mais confiança que se tenha nos demais membros da família e nos amigos, você deve fazer todas as firmezas sozinho.

ANJO DA GUARDA E EXU

O anjo da guarda ou anjo guardião[28] é um ser celestial, divino e angelical que tem a função de proteger um espírito em sua jornada durante a vida material.

Com o objetivo de nos proteger, individualmente, para a prática familiar, devemos fazer uma firmeza para nosso anjo da guarda, a qual consiste em uma vela branca e, se possível, uma imagem de anjo pequena.[29]

Para firmar o anjo da guarda, você deve acender a vela branca, posicioná-la acima da cabeça com a mão direita e clamar a Deus que lhe dê permissão para consagrar aquela vela ao seu anjo guardião. Em seguida, deve solicitar ao anjo que se faça presente e que receba aquela vela, protegendo-o por meio dela.

---

28   A figura do anjo da guarda ou anjo guardião é originária da cultura judaico-cristã e está presente em muitas religiões.

29   Caso não se queira usar uma imagem de anjo, pode-se utilizar um cristal.

A seguir, apresentamos uma oração para firmeza do anjo da guarda.

Senhor Deus, eu peço Vossas bênçãos e peço que me dê
licença para consagrar esta vela para meu anjo guardião.
Sagrado anjo de Deus, eu, [*falar seu nome de
batismo completo*], vos evoco neste momento.
Sagrado anjo de Deus, eu, [*falar seu nome de
batismo completo*] vos evoco neste momento.
Sagrado anjo de Deus, eu, [*falar seu nome de
batismo completo*], vos evoco neste momento.
Sagrado anjo de Deus, eu vos clamo que aceite esta
vela consagrada a vós e que, através dela, vós possais
me proteger e amparar durante os trabalhos que
serão realizados nesta casa dentro de instantes.
Amém.

Feito isso, posicione a vela em um espaço que seja exclusivo para essa firmeza ou em um espaço em que não haja perigo de incêndio. Essa mesma firmeza pode ser feita para outras situações, bastando mudar as palavras da oração.

Muitos umbandistas confundem a ação do exu com a do anjo da guarda, pensando que este é um exu ou um guia espiritual. Ledo engano, pois os anjos e os guias espirituais pertencem a classes e hierarquias diferentes. Quando falamos de exu, não nos referimos ao anjo da guarda.

A firmeza de proteção deve ser feita às suas forças de esquerda. Caso seja um médium ativo, tenha permissão de seu sacerdote e conheça seu guia de esquerda que se apresenta como chefe de sua coroa à esquerda, você pode fazer uma firmeza pedindo proteção diretamente para ele. Caso seja médium de alguma casa, independentemente de conhecer ou não suas forças, você deve ter a permissão e a orientação de seu sacerdote para fazer firmezas para a esquerda.

Caso seu grau mediúnico, na casa que frequenta, permitir que possua uma tronqueira em casa, então você deve fazer todas as firmezas que já costuma fazer, reforçando o pedido de proteção para os trabalhos que serão realizados.

Para essa firmeza, sugerimos que utilize uma vela preta, uma branca e uma vermelha, um copo com marafo[30] e um charuto. Em seguida, procure um espaço fora de casa que seja o mais reservado possível, como um quintal, garagem ou varanda. Caso sua casa não tenha nenhum desses cômodos, você poderá fazer a firmeza onde for mais viável e seguro, como atrás da porta de entrada ou próximo a uma janela.

As velas devem ser firmadas em triângulo no chão, com a vela branca no topo — simbolizando as forças divinas que protegem aquele espaço —, a vela preta no vértice esquerdo — simbolizando as forças do orixá Exu e seu Vazio esgotador — e a vela vermelha no vértice direito — simbolizando as forças da Lei e da Justiça divinas. Em caso de piso sensível, você pode utilizar um pires ou algo parecido para evitar o contato da vela com o chão. O copo de marafo vai no centro do triângulo com o charuto, que deve ser colocado ali aceso.

A oração feita na firmeza de esquerda é muito pessoal. Você não deve dividi-la com ninguém, mas, a título de exemplo, segue uma oração genérica para que você tenha uma base e possa elaborar a sua.

> Senhores guardiões da minha esquerda, senhoras guardiãs
> da minha esquerda, eu ofereço a vós estes elementos

---

30 Aguardente.

para que utilizem como firmeza de proteção para minha
casa e para os trabalhos que aqui serão realizados.

Peço que protejam a mim e às pessoas que aqui vierem.

Amém.

Como as firmezas e as orações são temas muito delicados, é recomendável procurar seu sacerdote para que ele o oriente a respeito da melhor forma de fazê-las dentro da ritualística praticada em seu terreiro.

Lembre-se de que não existe ritual certo ou errado, apenas formas diferentes, fundamentadas em cada doutrina e que devem ser respeitadas, principalmente se você é médium da casa e se utiliza dessas práticas.

DEFUMAÇÃO E LIMPEZA ESPIRITUAL

Com o espaço físico preparado e as firmezas feitas, devemos defumar o ambiente para que seja feita a limpeza espiritual. Em cada trabalho são necessárias duas defumações: a primeira antes da chegada das pessoas, para que o espaço esteja limpo energeticamente; e a segunda na recepção dos participantes, que devem ser purificados um por um antes de entrarem no espaço sagrado.

Para aqueles que já possuem um turíbulo,[31] a defumação pode ser feita com ervas secas conforme a preferência, intuição ou conhecimento do responsável. No entanto, não é necessário comprar um turíbulo; a defumação com incensos é suficiente — preferencialmente o incenso de lótus, pois ele traz uma potencialização para o ambiente e para a sensibilidade das pessoas.

---

31 Equipamento próprio para a defumação.

Fique atento ao excesso de fumaça ou ao perfume do incenso durante o trabalho para não incomodar os participantes.

Para defumar utilizando incenso, acenda três, cinco ou sete palitos juntos, segurando-os com a mão direita. Eleve-os ao alto e peça que aqueles incensos sejam ativados para que possam purificar seu ambiente completamente. Na segunda defumação, ele deve purificar as pessoas integralmente. Percorra todo o ambiente fazendo movimentos circulares no sentido anti-horário com os incensos.

Ao defumar as pessoas, permaneça de pé junto à entrada do ambiente e defume uma a uma com os mesmos movimentos, clamando mentalmente que sejam purificadas.

ABERTURA DO TRABALHO

Todo trabalho espiritual de Umbanda é composto de três partes: abertura, trabalhos e encerramento. Com a prática umbandista familiar não é diferente. Na primeira parte, estão os cantos e orações de clamor, saudação e evocação, todos com o objetivo de trazer ao ambiente as forças que estão sendo cultuadas no momento. A segunda, dos trabalhos, é o momento em que recebemos as irradiações divinas, fazemos pedidos e recebemos respostas. No encerramento, agradecemos às forças e delas nos despedimos para que voltem à sua dimensão de origem e para que possamos voltar nossa vida ao profano mundo material. A seguir, falaremos da primeira parte.

Quando abrimos os trabalhos, devemos mentalizar (e não falar) nosso altar (ou minialtar), foco de todo o trabalho, envolto em uma cortina espiritual que o isola do lado profano da vida, onde nós estamos. Então, antes de iniciar os pontos ou as orações, clamamos em silêncio ao Divino Criador que abra o lado sagrado do altar e permita que todo o ambiente seja envolvido pelo Seu sagrado. Fazemos o sinal da cruz simbolizando o senhor das passagens, que vem com suas chaves e abre o portal divino para nós. Esse gesto deve ser quase imperceptível aos olhos de quem está participando do culto; é um momento do dirigente e da divindade. Assim, com o lado sagrado aberto, saudamos em voz alta: "Salve a abertura dos trabalhos!".

Em seguida, cantamos os pontos de abertura. Descrevo, a seguir, um ponto de que gosto muito para esse momento.

> Pai Oxalá, que é poderoso e onipotente,
> Pai Oxalá, peço pra abrir meu Juremá,
> Dá proteção aos orixás deste terreiro,
> Dá proteção pra eles vir nos ajudar.
> Dá proteção aos orixás deste terreiro,
> Dá proteção pra eles vir nos ajudar.[32]

Não importa quais pontos serão cantados durante a abertura. Para quem conduz, esse é o principal momento de conexão entre o médium e a espiritualidade que ampara o culto a ser realizado.

Oração a Olorum

Independentemente de sua prática ser um culto ao divino Pai Olorum, devemos sempre começar o culto com uma oração a Ele. Devemos nos ligar a Deus nesse momento para pedir que tenhamos um bom trabalho e clamar ao Pai que nos dê licença para evocar aquelas forças.

---

32 Autoria desconhecida.

Os presentes podem cantar um ponto, desde que baixinho, enquanto quem conduz o culto faz a oração. Pode-se também fazer a oração a Olorum no momento em que os visitantes cantam o ponto de abertura.

Lembre-se de que sua oração deve ser feita por você e que palavras simples e de coração valem muito mais do que longos textos bem elaborados.

> Divino Pai Olorum, de joelhos diante de vós, eu vos clamo em meu nome e em nome das pessoas que aqui estão que permita que vossos filhos, os sagrados pais e mães orixás, se façam presentes neste espaço para que, dentro de instantes, possamos louvar [aqui falamos o culto que será feito].
> Amém.

Evocação ao orixá

Este tópico deve ser interpretado conforme seu culto. Se for um culto a uma Linha de Trabalho, as informações contidas aqui deverão ser adaptadas a ela.

Geralmente, a evocação se dá com um ponto de chamada, mas antes disso é necessário informar aos médiuns presentes que aquele ponto não está sendo cantado para estimular a incorporação, apenas para chamar a Linha de Trabalho ou o orixá. Para a chamada, utilize pontos que sejam de seu conhecimento ou uma oração de evocação.

No panfleto informativo aos participantes, você deverá colocar os pontos que serão cantados — até mesmo porque, assim, você terá a ajuda de todos os presentes na hora de cantar —, porém as orações não devem ser incluídas. Primeiro porque você deve ter a liberdade de fazê-las de coração no momento em que as sentir; em segundo lugar, porque todos devem entender que as orações são individuais e não devem ser decoradas.

Eis um modelo de evocação ao divino pai Ogum:

> Divino pai Ogum, nós vos evocamos neste momento, clamamos vossa presença divina para que possa envolver-nos em vossos mistérios divinos e, assim, nos abençoar com vosso poder.
> Amém.

Um pouco sobre os orixás

É comum que algumas pessoas que participam do seu culto não tenham um conhecimento profundo acerca dos orixás ou da Linha de Trabalho que será cultuada. Depois que a Linha ou o pai ou mãe orixá forem devidamente evocados, é o momento de dar uma pequena pausa no culto e falar um pouco sobre o que se está cultuando. Essa é a grande diferença que podemos fazer na vida dos irmãos que desconhecem os mistérios da Umbanda e que necessitam de um caminho para buscar a cura para seus problemas, sejam quais forem.

Quando explicamos como ocorre a atuação de um orixá e como podemos nos ligar a ele, mostramos às pessoas uma forma de pedirem com fé. Imagine a seguinte situação: um irmão que nada conhece da Umbanda precisa de cura e vai a um trabalho de Pai Obaluaê; então, por falta de conhecimento, mal consegue se concentrar pensando em qual vai ser o momento em que receberá ajuda e a quem deve pedir. Se o dirigente falar sobre Pai Obaluaê e informar a todos sobre seu poder de cura, esse irmão certamente saberá a quem deverá clamar e como fazê-lo.

Saudação ao orixá

Com todos "devidamente apresentados", podemos "cumprimentar" o orixá ou a Linha que estamos cultuando com pontos de saudação. O número de pontos depende diretamente da vontade de quem conduz o culto; não existe uma regra, apenas o bom senso com relação ao tempo e ao ânimo de todos. Se o grupo estiver animado, podem-se cantar vários pontos, mas, para um grupo que mal os conhece, cantá-los diversas vezes ou cantar muitos pontos pode tornar o trabalho um pouco maçante.

A saudação é um momento de alegria, em que devemos abrir nosso coração e cantar para o orixá, e não para as pessoas. Não importa se você ou algum dos presentes canta bem ou mal, desde que o faça de coração. Estimule todos a participar.

Meditação

A meditação é um dos momentos mais importantes do culto, pois, por mais que as pessoas consigam se concentrar em uma situação normal, nesse momento ficam diante da divindade que vai auxiliá-las. Essa meditação consiste em manter-se em silêncio, de olhos fechados, com braços e pernas relaxados.

Quem conduz o culto deve conduzir também uma boa prática de meditação. Eu utilizo a seguinte técnica:

1. Reproduzo algum tipo de som da natureza, geralmente ligado ao ponto de força do orixá. Pode-se também usar uma música instrumental que induza o relaxamento.

2. Conduzo o relaxamento com algumas ordens diretas e em baixo tom de voz. Por exemplo: Relaxem os braços...; Relaxem as pernas...; Respirem profundamente sete vezes...; Imaginem-se caminhando livremente por uma floresta...

Dessa forma, vou conduzindo a meditação, com um intervalo de pelo menos 10 segundos entre uma ordem e outra, para que todos possam realizá-las com calma.

Infelizmente, quem conduz a prática familiar como descrito aqui não consegue meditar, pois precisa conduzir a meditação dos outros participantes.

A meditação deve durar cerca de 10 a 30 minutos. Quando terminar, baixe o volume do som gradativamente até que seja inaudível e chame com calma cada um dos presentes, de forma individual ou coletiva, pedindo que, lentamente e em seu tempo, abram os olhos e movimentem mãos e pés. No momento em que todos estiverem despertos por completo, você deve puxar um ponto em saudação ao orixá como agradecimento ao que receberam durante a meditação.

É comum que algumas pessoas durmam, e você deve permitir que isso aconteça. Para o bem geral, porém, caso uma pessoa comece a roncar ou a emitir sons em alto volume, acorde-a sem dizer nada, apenas para que saia do estado de sono e não atrapalhe os demais.

Momento para pedir e clamar

Durante a meditação, em certo ponto da condução, você deve dizer às pessoas que imaginem ou mentalizem que estão em frente à divindade cultuada e que, com a divindade ali parada, clamem pelo que necessitam. Caso não tenham nada em mente, devem se valer do que o orixá faz (terão aprendido minutos antes) para pedir com clareza, mentalmente, tudo aquilo que gostariam de receber. Em seguida, estimule as pessoas a pedirem também por seus entes queridos e por amigos que, por algum motivo, não puderam estar no culto, mas que necessitam de algo.

É importante não deixar o momento dos pedidos muito para o final da meditação, pois é necessário que os participantes ainda meditem por algum tempo após esses pedidos, a fim de que possam se sentir amparados pela divindade.

A maioria das graças é alcançada nesse momento de meditação.

Quando chamar outra Linha?[33]

Caso você esteja fazendo um culto a um orixá, pode chamar também uma Linha de Trabalho que esteja diretamente ligada a ele. Para isso, oriente-se pelo modelo a seguir ou siga sua intuição, sentindo sua mediunidade:

- Oxalá / Logunã: boiadeiros;
- Oxum / Oxumarê: erês;
- Oxóssi / Obá: caboclos;
- Xangô / Oroiná: ciganos;
- Ogum / Iansã: baianos;[34]

---

33 Quando falamos em chamar outra Linha, não nos referimos à incorporação, apenas à saudação.

34 Note que, anteriormente, cruzamos a energia de Oroiná com Ogum e a de Iansã com Xangô. Esse cruzamento ocorre enquanto Linha de Umbanda para que a Justiça e a Lei se autossustentem. Entretanto, quando falamos das regências das Linhas, temos a visão direcionada, como no formato apresentado.

ABERTURA DO TRABALHO

- Obaluaê / Nanã: pretos-velhos;
- Iemanjá / Omolu: marinheiros.

Ao cultuar uma Linha de Trabalho, você pode cantar para um guia específico de sua fé ou que atue diretamente na Linha em sua coroa ou na de seu dirigente espiritual. Caso lhe venha à mente o nome de determinado guia, cante um ponto para ele ou saúde-o, pois é possível que ele esteja presente amparando os trabalhos.

Despedida do orixá

Com todos os orixás e as Linhas de Trabalho devidamente saudados e homenageados, é o momento de se despedir e pedir a cada força que retorne ao seu local de origem. Os portais divinos se fecharão, mas a atuação dessas forças ainda durará algum tempo — geralmente, cerca de 10 a 12 horas após o término dos trabalhos.

Cantamos, nessa parte, um ponto de subida do orixá, despedindo-nos dele. Antes, ao longo ou depois do ponto, também podemos fazer uma oração de despedida, conforme o modelo[35] a seguir.

> Divino Pai Ogum, agradecemos as graças aqui
> alcançadas e pedimos que retorne à sua dimensão de
> origem, deixando aqui suas bênçãos e levando nossos
> pedidos de auxílio e nossos agradecimentos.
> Amém.

---

35 Esse modelo é dirigido ao pai Ogum, mas pode ser adaptado a outros orixás.

Encerramento do trabalho

Para encerrar os trabalhos, fazemos uma oração ao Divino Criador agradecendo tudo o que ali recebemos e pedindo a Ele que continue sustentando e amparando nossas vidas.

Geralmente, após a oração de agradecimento, pedimos a todos que se levantem e cantem um ponto para congregar os irmãos — mesmo aqueles que não comungam da mesma religião que nós. Para isso, faça em seu espaço um círculo com todas as pessoas de pé voltadas para o centro, de mãos dadas. Após o término do ponto, abrace todos e estimule-os a se abraçar uns aos outros. Então, volte-se ao altar mais uma vez e, de joelhos, encerre o trabalho fazendo, com a mão direita, uma cruz à sua frente e dizendo:

> Em nome de Olorum,
> em nome de Oxalá
> e em nome de [divindade cultuada],
> damos por encerrado o nosso culto familiar.

Está encerrado.

Momento de comunhão

Após o encerramento do culto, converse com as pessoas, procurando manter a vibração positiva, jamais deixando assuntos profanos vigorarem em seu trabalho.

Divida os elementos da mesa com os presentes no culto para que cada um leve para casa um pouco do que foi consagrado. Caso haja

algo a comer ou beber na hora, faça isso com todos, estimulando-
-os a compartilhar.

Diga gentilmente às pessoas que, ao chegar em casa, se sentem
em algum lugar (uma cadeira, um sofá ou uma cama) e mentalizem
a energia do culto, as bênçãos se espalhando por seu lar e entre os
membros de sua família.

Depois de encerrados os trabalhos, as velas e a mesa utilizadas como altar devem permanecer no local da prática até o dia seguinte. Caso não seja possível, retire-as, mas peça licença às forças
espirituais que ali estiveram para tirar aqueles elementos de seus
lugares originais.

TIPOS DE CULTO

Culto a Deus

Uma vez que Deus é o detentor de todos os mistérios da criação, pode auxiliar qualquer situação ou problema que apresentarmos a Ele no culto. Geralmente, como elementos, utilizamos uma vela branca e uma jarra de água, que será abençoada e bebida ao final do culto.

Não há muitos pontos cantados para Deus, por isso, podemos cantar pontos diversos dos pais e mães orixás. Não é usual cantarmos pontos de Linhas de Trabalho ou guias específicos no culto a Deus, e também não chamamos uma segunda Linha após a meditação, pois isso não é necessário.

Culto aos pais e mães orixás

Ao cultuarmos um pai ou mãe orixá, devemos entender plenamente seus fatores e suas formas de atuação. Nosso objetivo não é criar dogmas, e sim quebrá-los, então evite utilizar lendas dos orixás para descrever um pai ou uma mãe, pois em geral essas lendas são falhas em alguns pontos e, muitas vezes, dão a entender que os pais e as mães orixás são desequilibrados, têm sentimentos negativos, como raiva, inveja, cobiça, entre outros. Sugiro que você fale sobre as características das divindades, a não ser que encontre uma lenda que seja neutra e não cause nenhum tipo de má impressão acerca dos pais e mães orixás.

No culto aos orixás, também há os cultos ao orixá Exu, à orixá Pombagira e ao orixá Mirim, que devem ser realizados preferencialmente fora de casa. Caso você não possua um espaço externo, realize dentro de seu espaço, mas finalize o trabalho com uma defumação extra, pedindo que as energias positivas do Divino Criador invadam aquele espaço completamente, pois, no culto aos orixás Exu, Pombagira e Mirim, as energias são esgotadas e o espaço é neutralizado.

Culto às Linhas de Trabalho

Quando falamos em cultuar as Linhas de Trabalho, nos referimos a linhas completas, mistas ou parciais.

Por cultuar linhas completas, entendemos cultuar, por exemplo, a Linha dos Caboclos, independentemente de seus nomes, de sua forma de atuação ou dos orixás que os regem.

Já as linhas mistas dizem respeito aos guias espirituais com certo tipo de atuação. Por exemplo, ao cultuar as Linhas de Cura, podemos estar cultuando um caboclo de cura, um preto-velho de cura, um erê de cura, um baiano de cura e assim por diante.

Cultuar uma linha parcial significa conduzir um culto voltado a um guia específico, como um culto ao senhor Caboclo Pena-Branca, por exemplo. Suponha que, por algum motivo, você tenha recebido uma graça desse guia e queira cultuá-lo para agradecê-lo. Você pode fazer isso, mas lembre-se de que, por mais que se cante para o guia, não haverá manifestação, pois ele virá apenas com o intuito de receber os agradecimentos.

De qualquer forma, atente-se ao cantar para as Linhas de Trabalho, pois alguns médiuns em desenvolvimento podem manifestar seus guias espirituais apenas por estarem sentindo a presença deles. A espiritualidade é sábia, e tem plena consciência que o intuito do culto não é a manifestação, mas também é possível que, em raras situações, algum mentor espiritual manifeste-se a fim de trazer uma mensagem de paz, amor, conforto ou, até mesmo, para resolver alguma necessidade momentânea.

Cultos especiais

Os cultos especiais, de que já falamos, são aqueles que têm uma função específica, como um culto de abertura de caminhos, por exemplo.

Como definir quais as combinações de forças possíveis para cada tipo de culto? Basta entender como cada orixá atua sozinho e em parceria com outro orixá para que você possa elaborar seu culto. O limite é sua criatividade, aliada a seu conhecimento, ambos lapidados pelo bom senso.

CONSIDERAÇÕES FINAIS

A realização de práticas familiares da Umbanda serve principalmente para pessoas que, embora o queiram, não têm condições de frequentar assiduamente um templo de Umbanda por questões profissionais, pela distância ou por qualquer outro fator. De posse deste livro, essas pessoas terão um manual básico para o culto familiar e, com essa base, poderão aperfeiçoar seus trabalhos, buscando conhecimentos específicos que, porventura, falte a elas.

Sugiro fortemente a você que, se não tiver experiência mediúnica nem frequentar um templo umbandista, procure uma fonte de estudo confiável para aprimorar alguns pontos abordados neste livro, como firmezas, Fatores, elementos dos orixás e atuação das Linhas de Trabalho, para ter mais solidez em sua base teórica e realizar um bom trabalho.

Gostaria de sugerir também que você procure compreender as práticas religiosas por meio da vivência e do estudo e, como autor deste livro, me coloco à disposição desde já para tirar dúvidas a respeito do tema e fornecer mais informações sobre ele, a fim de auxiliá-lo no aperfeiçoamento de sua prática umbandista familiar.

REFERÊNCIAS BIBLIOGRÁFICAS

Além de pesquisas na internet para a fundamentação teológica deste livro e do conhecimento adquirido na vivência do terreiro, utilizei algumas obras para embasar a prática em si. Mesmo não tendo reproduzido trechos específicos, essas obras foram de grande aprendizado no processo de desenvolvimento da prática umbandista familiar. Por isso, resolvi listá-las aqui para que o leitor possa buscar informações detalhadas em outras fontes.

BÍBLIA Sagrada. 50. ed. Petropólis: Vozes, 2005.

BÍBLIA Sagrada. São Paulo: Folha de S. Paulo, 2010.

BÍBLIA Sagrada. Barueri: Sociedade Bíblica do Brasil, 2016.

LUDOGERO, Paulo; PIERANGELI, Francine. *Doutrina umbandista para crianças*: axé-mirim. São Paulo: Ícone, 2008.

SARACENI, Rubens. *Doutrina e teologia de Umbanda Sagrada*: a religião dos mistérios, um hino de amor à vida. São Paulo: Madras, 2007a.

_____. *Os arquétipos da Umbanda*: as hierarquias espirituais dos orixás. São Paulo: Madras, 2007b.

VIEIRA, Lurdes de Campos (Coord.). *Manual doutrinário, ritualístico e comportamental umbandista*. São Paulo: Madras, 2009.

Por fim, deixo meus contatos para o leitor que se interessar:

http://www.facebook.com/umbandasoumbanda
http://www.youtube.com/umbandasoumbanda
roberto@angeli.neto.nom.br

Características dos orixás

OXALÁ

Oxalá é o orixá da Fé. Irradia de forma reta, alcançando a tudo e a todos. Devemos pedir sua atuação em situações que envolvam a fé e a religiosidade, ou nas quais precisemos de paz e harmonia. Seu poder é capaz harmonizar diversos ambientes.

- **Números:** 1,4 e 5
- **Chacra:** coronário
- **Corpo celeste:** Sol
- **Sincretismo:** Jesus Cristo
- **Fator:** Magnetizador / Congregador
- **Sentido:** Fé
- **Linha:** Fé
- **Essência:** cristalina
- **Cores:** branco / dourado / transparente
- **Símbolo:** pomba branca / cruz da fé / estrela de cinco pontas
- **Ponto de força:** mirantes / campos abertos / bosques
- **Pedra:** quartzo transparente
- **Bebida:** água mineral / vinho branco / água de coco

- **Comida:** canjica / acaçá / mungunzá
- **Flores:** rosas brancas / lírios-da-paz / lágrimas-de-cristo
- **Minérios:** prata / platina / ouro (branco e amarelo)
- **Dia da semana:** domingo (sexta-feira)
- **Hora:** durante o dia
- **Saúde:** cérebro / cerebelo
- **Animal:** coruja branca / caramujo / pomba branca
- **Data:** 25.12
- **Linha:** boiadeiros
- **Ferramenta:** paxorô
- **Saudação:** Epa Babá, orixá! / Oxalá yê, meu pai!
- **Água:** fonte / mineral
- **Caboclo (exemplo):** Pena-Branca
- **Exu (exemplo):** Lucifer

LOGUNÃ

*Também conhecida como Oyá-Tempo,
atua na religiosidade dos seres, irradiando
ou absorvendo quando necessário.
Suas irradiações espiraladas envolvem os seres apáticos,
esgotando seu emocional e devolvendo-lhes o movimento.*

- **Número:** I
- **Chacra:** coronário
- **Corpo celeste:** cosmos
- **Sincretismo:** Santa Clara / Joana D'Arc
- **Fator:** Condutor / Desmagnetizador / Descristalizador
- **Sentido:** Religiosidade
- **Linha:** Fé
- **Essência:** cristalina
- **Cor:** preto / azul-petróleo
- **Símbolo:** espiral do tempo / ampulheta
- **Ponto de força:** campos abertos (no tempo)
- **Pedra:** quartzo fumê / sodalita
- **Bebida:** licor de anis / água mineral / água de chuva

- **Comida:** coco verde / maracujá
- **Flores:** flores do campo / rosas ou palmas amarelas
- **Minérios:** estanho
- **Dia da semana:** domingo (terça-feira)
- **Hora:** 21h
- **Saúde:** cérebro superior / olho direito
- **Animal:** coruja
- **Data:** 11.08
- **Linha:** boiadeiros
- **Ferramenta:** ampulheta / bambu
- **Saudação:** Olha o tempo, minha mãe!
- **Água:** chuva
- **Caboclo (exemplo):** Vira-Mundo
- **Exu (exemplo):** Vira-Mundo

OXUM

*Orixá do amor e da concepção da
vida em todos os sentidos.
É geradora do amor-próprio, mas também estimula a
união matrimonial, favorece a conquista de riqueza
espiritual e a abundância material. Oxum desperta o
amor nos seres, agrega-os e dá início à concepção da vida.*

- **Número:** 2
- **Chacra:** cardíaco
- **Corpo celeste:** Vênus
- **Sincretismo:** Nossa Senhora da Conceição / Nossa Senhora Aparecida
- **Fator:** Agregador / Conceptivo
- **Sentido:** Amor

- **Linha:** Amor
- **Essência:** mineral
- **Cor:** rosa / azul / dourado
- **Símbolo:** coração / cachoeira
- **Ponto de força:** rios / cachoeiras
- **Pedra:** quartzo rosa / ametista
- **Bebida:** champanhe

- **Comida:** quindim / omolocum / moqueca de peixe
- **Flores:** lírios / rosas (cores de rosa e amarelas)
- **Minérios:** cobre / ouro / prata
- **Dia da semana:** sábado
- **Hora:** enquanto há sol
- **Saúde:** coração / aparelhos reprodutores
- **Animal:** pomba-rola
- **Data:** 8.12 / 12.10
- **Linha:** erês
- **Ferramenta:** abebé (espelho)
- **Saudação:** Ai, yê, yê, ô! / Ora-iê-iê, Oxum!
- **Água:** rios / cachoeiras
- **Caboclo (exemplo):** Areia Branca
- **Exu (exemplo):** Exu do Ouro

OXUMARÊ

*Responsável por diluir e renovar a criação.
Todos os nossos desequilíbrios e suas
fontes geradoras são recolhidos, diluídos
e, então, renovados por Oxumarê.*

- **Número:** 2
- **Chacra:** cardíaco
- **Corpo celeste:** Vênus
- **Sincretismo:** São Bartolomeu
- **Fator:** Renovador / Agregador
- **Sentido:** Fertilidade
- **Linha:** Amor
- **Essência:** mineral
- **Cor:** azul-turquesa / 7 cores
- **Símbolo:** serpente / arco-íris
- **Ponto de força:** cachoeiras (na queda) / rios com forte corrente
- **Pedra:** opala / fluorita / cianita azul
- **Bebida:** água mineral / água de rio / champanhe rosé
- **Comida:** batata-doce / inhame / banana / ovos

- **Flores:** flores do campo coloridas / rosas champanhe
- **Minérios:** latão
- **Dia da semana:** sábado
- **Hora:** 14h / 18h
- **Saúde:** coração / sangue
- **Animal:** serpente
- **Data:** 24.08
- **Linha:** erês
- **Ferramenta:** ebiri (vassoura de palmeira)
- **Saudação:** Arroboboi! / Arrobobô!
- **Água:** cachoeira
- **Caboclo (exemplo):** Cobra Coral
- **Exu (exemplo):** Cainana

OXÓSSI

Senhor do conhecimento e da expansão, é o regente das faculdades mentais e mediúnicas. Caçador das matas, sempre encontra um jeito de trazer abundância e fartura a quem merece.

- **Número:** 3
- **Chacra:** frontal
- **Corpo celeste:** Mercúrio
- **Sincretismo:** São Sebastião (RJ e SP) / São Jorge (Bahia)
- **Fator:** Direcionador / Expansor
- **Sentido:** Raciocínio
- **Linha:** Conhecimento
- **Essência:** vegetal
- **Cor:** verde / azul-escuro
- **Símbolo:** ofá (arco e flecha) / eruexim (rabo de boi)
- **Ponto de força:** bosques / matas
- **Pedra:** quartzo verde / esmeralda / amazonita
- **Bebida:** mate com mel / cerveja branca / vinho tinto
- **Comida:** axoxô / pamonha / abóbora

- **Flores:** plantas / ervas / flores do campo
- **Minérios:** bronze / manganês
- **Dia da semana:** terça-feira (quarta-feira)
- **Hora:** ao nascer ou ao pôr do sol
- **Saúde:** cérebro / olho esquerdo

- **Animal:** felinos
- **Data:** 20.01
- **Linha:** caboclos
- **Ferramenta:** ofá
- **Saudação:** Okê arô! / Okê, Oxóssi!
- **Água:** rios / lagos / bica
- **Caboclo (exemplo):** Pena-Verde
- **Exu (exemplo):** Marabô

OBÁ

Manifestação mais pura da Verdade de Deus, traz em si o mistério da revelação. Obá é a terra onde a semente do conhecimento é plantada para germinar uma árvore frondosa.

- **Número:** 4
- **Chacra:** frontal
- **Corpo celeste:** Urano
- **Sincretismo:** Santa Catarina
- **Fator:** Concentrador / Expansor
- **Sentido:** Conhecimento
- **Linha:** Conhecimento
- **Essência:** vegetal (terra)
- **Cor:** magenta / verde e marrom / vermelho e branco
- **Símbolo:** idá (espada), escudo e coroa / ofá
- **Ponto de força:** beira das matas
- **Pedra:** calcedônia / madeira fossilizada
- **Bebida:** vinho tinto / água de coco
- **Comida:** acarajé / abará / moranga / amendoim

- **Flores:** rosas brancas / flores do campo / palmas vermelhas
- **Minérios:** cobre
- **Dia da semana:** terça-feira (quarta-feira)
- **Hora:** não especificada
- **Saúde:** cérebro / olho esquerdo
- **Animal:** tatu
- **Data:** 30.05
- **Linha:** caboclos
- **Ferramentas:** espada e escudo
- **Saudação:** Akiro, Obá yê! / Obá xi! / Obá, xirê!
- **Água:** fonte
- **Caboclo (exemplo):** Flecheiro
- **Exu (exemplo):** Exu da Terra

XANGÔ

Xangô é o próprio equilíbrio divino, a Justiça Divina. Este orixá traz o equilíbrio harmônico para um átomo e para todo o universo, em suas devidas proporções, mas com a mesma potência.

- **Número:** 6
- **Chacra:** umbilical
- **Corpos celestes:** Júpiter / Sol
- **Sincretismo:** São João Batista / São Jerônimo / São Pedro / Moisés
- **Fator:** Graduador / Equilibrador
- **Sentido:** Equilíbrio
- **Linha:** Justiça
- **Essência:** ígnea
- **Cor:** marrom / vermelho
- **Símbolo:** oxé (machado duplo) / estrela de seis pontas / balança / livro das leis
- **Ponto de força:** montanhas / pedreiras
- **Pedra:** jaspe vermelho / bauxita / pedra do sol
- **Bebida:** cerveja preta / vinho tinto doce

- **Comida:** quiabo / rabada com polenta / caruru
- **Flores:** cravos / palmas e rosas (vermelhos ou brancos)
- **Minérios:** cobre / bronze / latão
- **Dia da semana:** quarta-feira (quinta-feira)
- **Hora:** 12h (meio-dia)
- **Saúde:** próstata / ovários / testículos / rins / bexiga
- **Animal:** leão
- **Data:** 24.06
- **Linha:** ciganos
- **Ferramenta:** oxé / balança
- **Saudação:** Kaô kabecilê!
- **Água:** fonte
- **Caboclo (exemplo):** Sete Montanhas
- **Exu (exemplo):** Pinga-Fogo

IANSÃ

Iansã é uma divindade com essência eólica que expande a atuação do fogo de Xangô. Se Ogum é a Lei, a via reta, Iansã é o seu próprio sentido de direção. Ela está em todas as Linhas da umbanda, direcionando a Fé, o Amor, o Conhecimento, a Justiça, a Lei, a Evolução e a Geração. Atua em nossas vidas independente de nossa vontade — basta que "erremos".

- **Número:** 9
- **Chacra:** laríngeo
- **Corpos celestes:** Marte / Sol
- **Sincretismo:** Santa Bárbara / Santa Brígida
- **Fator:** Movimentador / Ordenador
- **Sentido:** Lei

- **Linha:** Lei
- **Essência:** eólica
- **Cor:** vermelho / amarelo
- **Símbolo:** espada / cálice / raio
- **Ponto de força:** bambuzais / campos abertos (no tempo)
- **Pedra:** citrino

- **Bebida:** champanhe branco / licor de cereja / água de chuva
- **Comida:** abacaxi / manga-rosa / maçã vermelha
- **Flores:** palmas amarelas e vermelhas / tulipas
- **Minérios:** cobre
- **Dia da semana:** terça-feira
- **Hora:** 16h
- **Saúde:** sistema respiratório / garganta / ouvidos
- **Animal:** búfalo
- **Data:** 04.12
- **Linha:** baianos
- **Ferramenta:** eruexim (chibata feita de rabo de cavalo ou búfalo) / espada de cobre (geralmente flamejante) / chifre de búfalo
- **Saudação:** Eparrei, Iansã!
- **Água:** chuva
- **Caboclo (exemplo):** Sete Raios
- **Exu (exemplo):** Ventania

OGUM

Ogum é sinônimo de Lei Maior, ordenação divina e retidão. Seu campo de atuação é a linha divisória entre a razão, a emoção e a ordenação. Suas irradiações retas são simbolizadas por suas sete lanças; suas irradiações cortantes, por suas sete espadas; e seu poder protetivo da Lei, por seus sete escudos.

- **Número:** 5
- **Chacra:** laríngeo
- **Corpo celeste:** Marte
- **Sincretismo:** São Jorge / Santo Antônio de Pádua
- **Fator:** Potencializador / Ordenador
- **Sentido:** Ordenação
- **Linha:** Lei
- **Essência:** eólica
- **Cor:** azul-escuro / vermelho
- **Símbolos:** lança / espada / escudo
- **Ponto de força:** encruzilhadas / campos abertos na beira da estrada / caminhos

- **Pedra:** rubi / granada / hematita / sodalita / magnetita
- **Bebida:** vinho tinto / cerveja
- **Comida:** inhame / feijoada
- **Flores:** cravos vermelhos
- **Minérios:** ferro
- **Dia da semana:** quinta-feira (terça-feira)
- **Hora:** 10h / 6h
- **Saúde:** tireoide / garganta
- **Animal:** cachorro / galo vermelho
- **Data:** 23.04
- **Linha:** baianos (exus)
- **Ferramenta:** lança / espada / escudo
- **Saudação:** Ogunhê! / Patacori, Ogum!
- **Água:** rio
- **Caboclo (exemplo):** Rompe-Mato
- **Exu (exemplo):** Tranca-Ruas

OROINÁ

É o fogo cósmico que está em tudo que existe, mas diluído. Atua na Umbanda consumindo vícios, desequilíbrios e negativismos: no templo, descarregando todas as cargas negativas e consumindo a ilusão causada pelo fanatismo; nos lares, esgotando o acúmulo de energia negativa causado pelas intempéries do dia a dia; e no indivíduo, consumindo sentimentos negativos.

- **Número:** 6
- **Chacra:** umbilical
- **Corpos celestes:** Sol / Júpiter
- **Sincretismo:** Santa Sara Kali / Santa Brígida
- **Fator:** Purificador / Equilibrador
- **Sentido:** Justiça

- **Linha:** Justiça
- **Essência:** ígnea
- **Cor:** laranja / dourado / vermelho
- **Símbolo:** espada / estrela de seis pontas / balança / raio
- **Ponto de força:** caminhos / pedreiras

CARACTERÍSTICAS DOS ORIXÁS

- **Pedra:** topázio imperial / ágata de fogo / calcita laranja
- **Bebida:** licor de menta / suco de laranja / limão
- **Comida:** caqui / quiabo / cenoura
- **Flores:** girassóis / begônias / rosas e palmas vermelhas
- **Minérios:** cobre / magnetita
- **Dia da semana:** quarta-feira (quinta-feira)
- **Hora:** 17h
- **Saúde:** estômago / fígado / vesícula biliar / sistema nervoso
- **Animal:** não há
- **Data:** 24.05
- **Linha:** ciganos
- **Ferramenta:** taça / espada / caldeirão
- **Saudação:** Kali yê, minha mãe!
- **Água:** cachoeira / fontes / rios / chuva
- **Caboclo (exemplo):** Espada de Fogo
- **Exu (exemplo):** Cospe-Fogo

OBALUAÊ

Com sua dualidade, irradia o tempo todo tanto a estabilidade quanto a evolução. É um orixá que tem na terra a sua estabilidade e na água a sua mobilidade. Seu poder transmutador é primordial para a evolução do espírito e dos seres.
É o orixá da cura, do bem-estar e da busca por dias melhores. É o regente de todo o universo e senhor das passagens: de um plano para o outro; de uma dimensão para a outra; ou do espírito para a carne, e vice-versa.

- **Número:** 4
- **Chacra:** esplênico
- **Corpo celeste:** Saturno / Júpiter
- **Sincretismo:** São Roque / São Lázaro
- **Fator:** Transmutador / Evolucionista
- **Sentido:** Transmutação
- **Linha:** Evolução
- **Essência:** terra / água
- **Cor:** branco / violeta

- **Símbolo:** cruzeiro / cruz / octógono / palha da costa
- **Ponto de força:** cemitérios (cruzeiros) / beira--mar / beira dos rios
- **Pedra:** turmalina negra / bálsamo
- **Bebida:** vinho rosé licoroso / água potável / água de coco / café
- **Comida:** pipoca / amendoim / mandioca
- **Flores:** crisântemos / violetas / flores do campo / margaridas
- **Minérios:** chumbo / cassiterita
- **Dia da semana:** segunda-feira (sábado)
- **Hora:** 00h
- **Saúde:** região abdominal (diversos órgãos)
- **Animal:** cachorro
- **Data:** 16.08
- **Linha:** pretos-velhos
- **Ferramenta:** xaxará (vassoura com fios de palha) / manto e capuz (palha da costa)
- **Saudação:** Atotô, Obaluaê!
- **Água:** potável / mineral
- **Caboclo (exemplo):** Caboclo do Cruzeiro
- **Exu (exemplo):** Exu da Porteira

NANÃ

Nanã, assim como Obaluaê, manifesta duas qualidades ao mesmo tempo: uma confere maleabilidade ao que está paralisado ou petrificado; e a outra decanta seus vícios, desequilíbrios ou negativismos.

- **Número:** 8
- **Chacra:** esplênico
- **Corpo celeste:** Saturno / Vênus
- **Sincretismo:** Nossa Senhora de Sant'Ana
- **Fator:** Decantador / Evolucionista
- **Sentido:** Evolução
- **Linha:** Evolução
- **Essência:** água / terra
- **Cor:** lilás / roxo / rosa
- **Símbolo:** cruz / lua minguante / ibiri / búzio
- **Ponto de força:** lagos / águas profundas / mangues / pântanos
- **Pedra:** ametista / fluorita lilás / rubelita / sugilita
- **Bebida:** champanhe rosé / calda de figo / limonada

- **Comida:** feijão preto com purê de batata roxa / mugunzá / berinjela com inhame
- **Flores:** crisântemos brancos ou lilases / campânulas / manacás-da-serra
- **Minérios:** latão / níquel / prata
- **Dia da semana:** segunda-feira (sexta-feira ou sábado)
- **Hora:** não especificada
- **Saúde:** estômago / fígado / sistema digestório
- **Animal:** pata branca / cabra / rã (sapo)
- **Data:** 26.07
- **Linha:** pretos-velhos
- **Ferramenta:** ibiri (cajado curvo de folhas de palmeira)
- **Saudação:** Saluba, Nanã!
- **Água:** lago
- **Caboclo (exemplo):** Cabocla Jupira
- **Exu (exemplo):** Exu do Pântano

IEMANJÁ

*Nas lendas iorubanas, é considerada
como a mãe dos orixás.
Iemanjá participa diretamente da criação e da geração
de todos os seres e de toda a criação de Deus.*

- **Número:** 7
- **Chacra:** básico
- **Corpo celeste:** Lua
- **Sincretismo:** Nossa Senhora das Candeias / Nossa Senhora da Glória / Nossa Senhora dos Navegantes
- **Fator:** Gerador / Criacionista
- **Sentido:** Criatividade
- **Linha:** Geração
- **Essência:** aquática
- **Cor:** branco / cristalino / prata / azul-claro
- **Símbolo:** lua minguante / ondas / peixes
- **Ponto de força:** mar
- **Pedra:** pérola / água-marinha / lápis-lazúli / calcedônia
- **Bebida:** água mineral / champanhe
- **Comida:** canjica branca / manjar / peixe / arroz-doce

- **Flores:** rosas e palmas brancas / angélicas / orquídeas
- **Minério:** prata
- **Dia da semana:** sexta--feira (sábado)
- **Hora:** não especificada
- **Saúde:** psiquismo / sistema nervoso
- **Animal:** peixe / cabra / pata / galinha branca
- **Data:** 15.08 / 02.02 / 08.12
- **Linha:** marinheiros
- **Ferramenta:** abebé
- **Saudação:** Odô Iyá / Odô Fiaba / Oboyaba / Odoya Omi Ô / Odô Cyaba
- **Água:** mar
- **Caboclo (exemplo):** Cabocla Janaína
- **Exu (exemplo):** Calunga Grande

OMOLU

Este orixá é a força de Deus para "aparar as arestas" da criação. Sua principal atribuição é paralisar e neutralizar tudo o que se desvirtua, deixando de atuar negativamente sobre o todo. Também é responsável por paralisar o fio da vida, trazendo a morte.

- **Número:** 4
- **Chacra:** básico
- **Corpo celeste:** Plutão
- **Sincretismo:** São Bento / Morte
- **Fator:** Paralizador / Estabilizador / Geracionista
- **Sentido:** Geração
- **Linha:** Geração

- **Essência:** telúrica
- **Cor:** roxo / branco, preto e vermelho
- **Símbolo:** cruzeiro do cemitério / alfanje / manto
- **Ponto de força:** cemitérios / esquerda dos cruzeiros / mar
- **Pedra:** ônix / cacoxenita (ametista da bahia)

- **Bebida:** vinho branco ou tinto / aguardente / água mineral
- **Comida:** pipoca / milho / nabo / efó (verdura refogada no dendê)
- **Flores:** todas
- **Minérios:** chumbo
- **Dia da semana:** sexta-feira (terça-feira)
- **Hora:** ooh
- **Saúde:** coluna / rins / aparelhos reprodutores / membros inferiores
- **Animal:** cachorro / porco / cabrito / vários
- **Data:** 02.11
- **Linha:** marinheiros / exus
- **Ferramenta:** azê (vestimenta de palha), xaxará (cajado) / okó (lança de ferro) / búzio / alfanje
- **Saudação:** Atotô, Omolu! / Omolu, Yê Meu Pai! / Omolu, Yê Tatá!
- **Água:** fonte / mar
- **Caboclo (exemplo):** Pedra-Preta
- **Exu (exemplo):** Capa Preta